A COUNSELOR'S INTRODUCTION TO NEUROSCIENCE

[상담사를 위한 신경과학 입문]

Bill McHenry · Angela M. Sikorski · Jim McHenry 공저 | 김창대 · 남지은 공역

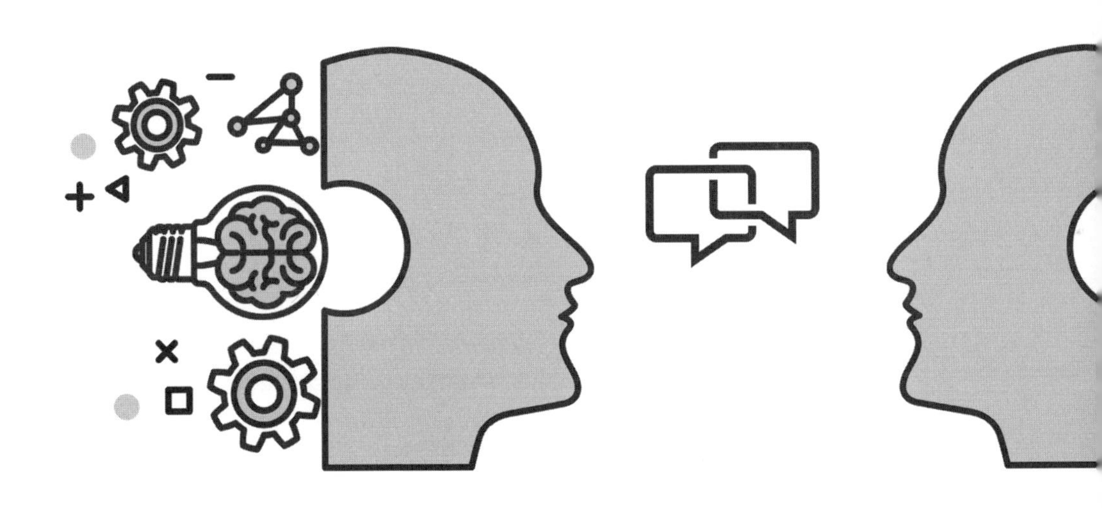

학지사

A Counselor's Introduction to Neuroscience
by Bill McHenry, Angela M. Sikorski, Jim McHenry

역자 서문

기존의 여러 상담 및 심리치료 이론은 전문상담사가 내담자를 상담할 때 필요한 효과적인 지침을 제공했다. 정신분석이론은 인간의 무의식적 측면을 발굴했고, 대상관계이론과 애착이론은 상담사와 내담자 사이의 실제적 관계체험이 가진 중요성을 깨닫게 했다. 그리고 인본주의적 관점은 인간이 벗어날 수 없는 실존적 조건에 주목했다. 이 이론들이 자주 사용하는 무의식, 방어기제, 자기대상, 항상적 대상, 이행기 대상, 괜찮은 엄마, 안아 주기, 담아내기, 투사적 동일시, 선택, 책임, 의미, 공감, 수용, 존경 등의 개념은 상담학자와 전문상담사에게 인간의 본 모습에 대한 깊은 감동과 함께 내담자의 성장 과정과 변화방법에 관한 날카로운 통찰을 제공했다. 그러나 이 개념들이 태생적으로 가지고 있는 모호성 때문에 각각의 개념이 지칭하는 대상을 명확하게 규정하기 어려웠고, 그 결과 상담에 관한 학문적 논의, 효과적인 개입방법의 개발과 효과검증에 제한이 있어 상담학이 하나의 과학적 학문이 되기에 불충분했다.

지난 40~50년간 상담 및 심리치료 영역을 주도해 온 행동주의적 관점과 거기에 인지적 접근이 추가된 인지 · 행동적 관점은 이전의 상담이론이 가진 한계를 여러 가지 측면에서 보완했다. 행동주의와 인지 · 행동적 관점은 상담에서 사용되는 각종 개념을 객관적으로 측정함으로써 상담 개입과 성과 간의 관련성을 확보하고 증거에 기반을 둔 개입방법을 개발했다. 그 결과, 상담 및 심리치료에서 중요한 위치를 차지하고 있다. 그런데 상담 및 심리치료의 발전은 여기에서 그치지 않고 새로운 학문 영역의 등장과 함께 계속 진화하고 있다.

1990년대 이후 기하급수적으로 축적된 신경과학 지식은 의학을 비롯하여 자연과학뿐 아니라 철학, 윤리, 경제, 교육, 문화 등 대부분의 인문사회 영역에 영향을 끼쳤는데 상담 및 심리치료 영역도 예외는 아니었다. 첫째, 과학적 사고에 뿌리를 둔다는 점에서 인지 · 행동주의와 거리가 가까웠던 신경과학적 관점은 '행동' '인지구조'와 같은 인지 · 행동주의의 핵심 개념을 신경 체계 내에서 발생하는 전기적 · 화학적 정보처리의 패턴으로 재해석하고 인간 변화의 원리를 새롭게 규명하기 시작했다. 둘째, 신경과학적 관점은 인지 · 행동주의가 주목했던 인지가 정서 및 행동에 영향을 끼치는 하향 경로(top-down)에 추가하여 정서(정동)가 인지 및 행동선택에 영향을 끼치는 상향 경로(bottom-up)의 중요성도 강조하기 시작했다. 셋째, 신경과학적 관점은 정신분석의 핵심 개념인 무의식을 '수치스럽고 숨기고 싶은 내용'이라기보다 '의식 외적으로 처리되는 정보처리'로 재해석하고, 무의식의 내용적 측면을 중시하기보다 그것을 하나의 암묵적 정보처리 과정으로 보았다. 넷째, 신경과학적 관점은 두 사람 사이에서 발생하는 비언어적 교류, 공감, 애착, 신뢰와 안전감, 트라우마의 발생과 처리 과정을 생물학적 정서조절의 원리와 연결하여 신경과학적 개념으로 재해석하였다. 끝으로, 신경과학적 관점은 명상이나 마음챙김에서 발생하는 현상을 좀 더 과학적으로 탐구할 수 있게 해 주었다. 이처럼 인지 · 행동주의뿐 아니라 전통적인 정신분석, 애착, 관계중심, 인간중심, 정서중심, 명상, 마음챙김 이론들은 신경과학적 관점과 결합하면서 각각 현대적인 형태로 진화하고 있는데, 이러한 현대적 형태의 상담 및 심리치료 이론과 개입방법을 이해하기 위해서 신경과학적 지식은 필수적이다.

전문상담사가 신경과학적 관점을 이해하고 상담에 도입한다고 해서 상담에 필수적인 공감을 더 잘하게 되거나 내담자에게 더 깊은 안전감을 제공하는 것은 아니다. 어떤 학자가 이성이나 자녀에 대한 '사랑'의 개념을 학문적으로 분석하고 '사랑'할 때 신경 체계나 생물학적 반응을 이해한다고 해서 이성이나 자녀를 더 많이 사랑하게 되는 것이 아니며, 시를 분석한다고 해서 심금을 울리는 시를 잘 쓰게 되는 것도 아니다. 그러나 신경과학적 지식은 약물에 관한 내담자의 불필요한 오해를 불식시켜 약물을 더 효과적으로 복용하게끔 돕는다. 이 외에도 다음과 같은 도움을 준다. 첫째, 최근 신경과학적 관점과 결합하여 새롭게 진화하는 상담이론들을 전문상담사가 더 깊이 이해하게 할 뿐만 아니라 전통적인 상담이론들을 재해석하여 좀 더 통합적인 시각을 갖게 해 준다. 둘째, 전문상담사가 하는 상담의 원리와 효과에 관한 증거를 이전보다 좀 더 명료하게 확보할 수 있다. 상담 및 심리치료라는 행위가 유발하는 효과에 관한 증거를 객관적으로 제시하고, 상담 효과가 발현되는 원리를 좀 더 정밀하게 설명할 수 있다. 그 결과, 효과를 유발하는 원리가 분명해짐으로써 효과적인 개입을 촉진하는 자극도 구체적으로 설계할 수 있다. 셋째, 개념, 개입방법, 효과의 측정방법이 명료해짐으로써 상담학자, 상담실무자, 상담을 공부하는 학생, 내담자 사이에 의사소통을 촉진할 수 있다. 끝으로, 전문상담사는 자신의 일이 막연하지 않고 치밀한 계획하에 이루어지는 행위임을 보여 줌으로써 상담사에 대한 내담자의 신뢰뿐 아니라 전문상담사라는 전문직에 대한 일반인들의 신뢰 또한 높일 수 있다.

『상담사를 위한 신경과학 입문』은 신경과학에 관한 상담사의 관심을 끌고, 그들에게 필요한 기초지식을 제시하는 '입문서'에 불과하다. 따라서 상담 및 심리치료와 관련된 신경과학적 지식을 담기에는 턱없이 부족하다. 그러나 관련 지식의 범위를 보여 주고 독자의 관심을 끌기에는 아주 적당하다고 생각한다.

이 책은 모두 8장으로 구성되어 있다. 제1장은 그동안 상담을 설명하는 주요 세력, 즉 정신분석, 행동주의, 인본주의, 다문화주의 등의 흐름 속에서 신경과학적 관점이 가지는 위치를 소개한다. 이 장을 통해 독자는 지난 20~30년간 급격히 축적된 신경과학적 지식이 상담 연구와 실무에 어떤 의미가 있는지 찾아볼 수 있다. 제2장은 신경과학적 지식에 아직 익숙하지 않은 상담사에게 이 책을 소화하는 데 필요한 최소한의 신경과학적 지식을 제시한다. 크게 중추신경계와 말초신경계로 구분되는 신경계의 각 부위의 특성과 기능 그리고 신경세포의 기능에 관한 최소한의 지식을 제공하고 있다. 제3장은 신경과학적 상담이 기초하고 있는 가장 근본적인 가정인 신경 가소성의 의미를 설명하고 있다. 인간의 사고, 행동, 정서 반응 등의 변화는 곧 신경회로 및 회로의 기능 변화를 유발하며, 그 역도 성립한다. 이 장은 신경 가소성에 관한 이해가 상담 과정에 어떤 영향을 미칠지 생각하는 데 도움을 준다. 제4장은 기존의 여러 상담 접근과 뇌의 변화를 연결하여 설명한다. 전통적인 상담에서 중시되는 상담관계, 유대감, 통찰, 위험 감수, 카타르시스 등과 뇌의 관련성을 설명하고, 인간중심이론, 해결중심이론, 애착이론의 주요 개념을 재해석하고 있다. 외상 내담자를 돕는 대표적 방법 중 하나인 안구운동 민감소실 및 재처리(Eye Movement Desensitization and Reprocessing: EMDR)를 신경과학의 관점에서 간략히 설명한다. 제5장은 대표적 정신건강문제인 우울, 불안을 비롯하여 외상후스트레스장애(Post-Traumatic Stress Disorder: PTSD), 조현병, 주의력결핍 과잉행동장애(Attention Deficit Hyperactivity Disorder: ADHD), 자해 등에 관한 신경생물학적 설명을 제시한다. 제6장은 향정신성 약물의 종류와 이러한 약물이 작동하는 원리를 설명한다. 상담사가 실제 약물을 처방하지는 않지만, 약물을 복용하는 내담자를 돕는 데 필요한 중요한 정보가 될 것이다. 제7장은 내담자를 평가하는 방법을 소개한다. 상담 실무에서 내담자의 기능을 평가하는 방법에서부터 아직 실무적으로 적용하기 어렵지만 상담연구의 발전에 크게 기여할 수 있는 대표적인 방법인 자기공명영상(functional Magnetic Resonance Imaging: fMRI) 방법까지 소개하고 있다. 제8장은 상담에서 내담자를 만날 때 신경과학적 관점에서 내담자를 평가하고 개입하는 방법을 사례를 통해 설명한다.

이 책은 이화여자대학교의 남지은 교수와 함께 번역했다. 남지은 교수와는 그동안 여러 권의 상담 관련 책을 함께 번역했다. 대학을 졸업할 때까지 외국에서 생활하다가 서울대학교 교육상담 전공 석 · 박사 과정을 성공적으로 마친 남지은 교수는 영문을 이해하고, 이해한 것을 자연스러운 우리말로 바꾸는 능력뿐 아니라 일할 때의 성실함과 유쾌함 등으로 대표 역자에게 많은 도움을 주었다. 이 지면을 빌려 감사함을 전한다. 남지은 교수가 가지고 있는 상담의 학문적 · 실무적 전문성과 더불어 남지은 교수의 외국어 및 한국어 구사 능력은 본인뿐 아니라 이번에 새로

임용된 대학에 훌륭한 자산이 될 것으로 기대한다. 이 책의 출간을 위해 오래 기다려 주시고 많은 지원을 보내 주신 학지사 김진환 사장님과 교정 작업을 도와주신 박수민 선생님께도 감사드린다.

처음에 정신분석으로 시작했다가 인간의 기억 형성과정으로 연구영역을 바꾸어 결국 노벨상을 수상한 Eric Kandel은 다음과 같이 말했다.

> 나는 과학자와 예술가가 반드시 서로 협력해야 한다고 말하고 싶지 않다. 그러나 그들이 서로 대화한다면–비록 그 발상이 현실로 구현될 수도 있고 그렇지 않을 수도 있겠지만–매우 새롭고 구체적인 발상을 만들어 낼 수 있을 것이다.

역자는 이 책이 상담영역에서 전통적 상담이론이 기대고 있던 인문학적 · 예술적 내러티브와 최근 신경과학이 제공하는 자연과학적 내러티브 간의 대화를 촉진하는 입문서 역할을 하기 바란다. 물론 그 대화가 구체적이고 실체적인 현실을 만들어 낼 것이라 장담할 수 없지만, 각 영역 내에서는 새롭고 창의적이며 구체적인 발상을 만들어 낼 것이라 기대한다. 그리고 이 책이 그러한 대화를 촉진하는 자극 중 하나가 되기를 바란다.

2020년 5월

역자 대표 김창대

저자 서문

당신은 [그림 1]에 제시된 모형을 알아보지 못할 수도 있지만, 대략 1810년부터 1840년대 사이에는 이 모형이 인간의 두뇌가 실제로 기능하는 방식이라고 널리 받아들여졌다. 골상학(phrenology)이라는 이 관행은 독일 의사 Franz Joseph Gall[1]이 만들었다. Gall은 인간의 뇌가 27개의 기관으로 구성되어 있으며, 훈련받은 골상학자들이 손끝과 손바닥으로 각 기관의 상대적 크기를 측정할 수 있다고 주장했다. 물론 요즘에는 골상학이 허튼소리나 시시한 주장 또는 사이비 과학으로 인식되고 있다. 그럼에도 불구하고 Gall은 사고와 정서가 뇌의 각기 다른 부위에 자리 잡고 있다고 제안함으로써 뇌 연구의 발전에 기여했다. 따라서 그의 모형을 그저 호기심을 끄는 벽난로 장식 정도로 취급할 수도 있지만, 그래도 그의 모형이 알려 준 한 가지 올바른 통찰(즉, 사고와 정서가 뇌의 다른 부위에 자리 잡고 있다는 것)에 대해서는 인정하고 넘어가자.

1세기 반이 지난 지금 우리는 Gall의 생각을 그려 놓은 도자기로 만든 모형[2] 정도는 폐기할 수 있겠지만, 그렇다고 해서 지금 우리가 뇌에 관한 확실하고 분명한 지식을 많이 알고 있는 것도 아니다. 그럼에도 한 가지 사실은 분명하게 언

---

1) 역자 주: Franz Joseph Gall(1758~1828)은 독일의 신경정신학자이며 생리학자로 뇌의 정신 기능의 국소화(localization) 연구의 선구자이다.

2) 역자 주: 골상학자의 생각을 도자기에 그려서 만든 모형을 의미하는데, 이 모형은 장식물로도 사용된 것 같다. 이 모형을 만든 대표적인 사람 중 하나는 골상학자 Lorenzo Niles Fowler(1811~1896)로서 미국인이었지만 영국에 거주하면서 L. N. Fowler & Co.라는 출판사를 설립하고 도자기로 된 골상학 모형도 제작했다. 이 모형은 골상학의 상징처럼 여겨지고 있다.

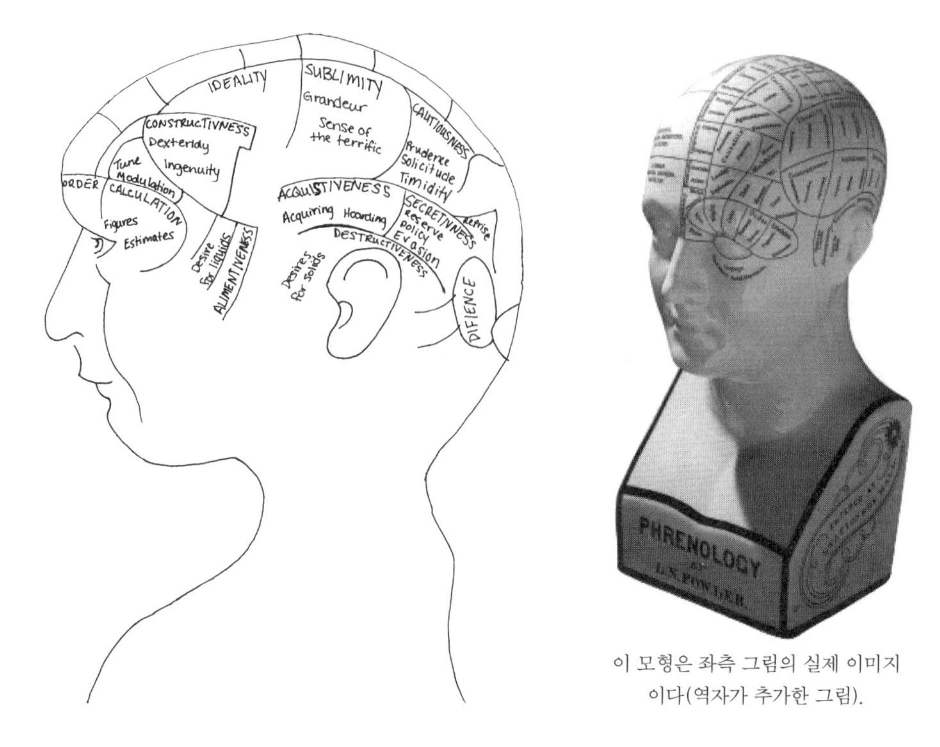

이 모형은 좌측 그림의 실제 이미지
이다(역자가 추가한 그림).

[그림 1] 골상학 모형

급할 수 있는데, 그것은 이 글에 쓰인 단어와 문장을 읽는 지금 당신은 실제로 뇌를 사용하고 있다는 점이다. 뇌는 당신의 두 귀 사이에 놓여 있는데, 대략 당신의 목과 어깨 위에 위치한 두개골에 담겨 아늑하게 자리 잡고 있다. 당신의 뇌는 인간에게 알려진 것 중 가장 복잡하고 어마어마한 실체이다. 이 사실은 매우 분명하다. 뇌는 '놀라운' '멋진' '굉장한' '대단한' 같은 찬사도 밋밋하게 여길 정도로 어마어마한 실체이다.

그래서 우리는 이제 Gall의 노력을 비웃는 일을 중단하고, 지금까지 신경학자들이 이루어 놓은 몇 가지 중요하고도 매우 의미 있는 발견을 겸허한 태도로 살펴볼 필요가 있다. 이러한 관점에서 이 책은 현재 뇌에 대해 진행되는 매우 중요한 연구들이 삶 속에서 실제로 고통을 겪는 내담자를 매일 만나는 상담 실무자들에 의해 어떻게 활용될 수 있는지 보여 주는 야심 찬 노력의 일환이다.

이것은 분명 쉽지 않은 작업이다. 인류의 시작부터 인간은 뇌에 관해 숙고하고 그것을 찔러 보기, 깍둑썰기, 얇게 썰기 등의 방법으로 샅샅이 조사해 왔다. 앞에서도 언급했듯이, 초기의 시도 중 많은 것이 부적절하거나 완전히 틀렸다. 그러나 오늘날에는 MRI, fMRI, CAT, PET[3] 등 경이로운 기술적 발달이 이루어지면서 숙련된 연구자들이 지금까지 전혀 알려지지 않았거나 추측만 난무했던 비밀들을 풀어내기 시작했다. 이렇게 계속 밝혀지는 비밀들은 거의 상상할 수 없을 정도의 새로운 가능성을 조력 전문가들에게 제시해 주고 있다. 이러한 잠재력은 다양한 형태로 자신을 드러내고 있다.

우리가 뇌에서 발생하는 화학작용을 더 잘 이해할수록 약리학적 개입의 잠재적 효과는 당연히 커진다. 일반적으로 약리학과 상담을 결합한 개입이 한쪽만 활용한 개입보다 긍정적인 성과를 산출하는 데 효과적이라는 사실이 확인되었기 때문에 전문상담사들이 뇌에서 발생하는 화학작용을 이해하는 일은 더욱 중요해졌다. 뇌 속의 화학작용을 이해할 필요가 있다는 주장은 첫눈에 단순하고 당연해 보일 수 있지만, 인생이 늘 그렇듯이 문제는 항상 세부적인 것에 숨어 있다. 즉, '어떤 종류의 약물을 얼마나 투여해야 하는가?' '상담이라면 어떤 상담을 의미하는가?'라는 질문은 여전히 어려운 주제이다.

따라서 우리 모두(신경학자, 약사, 전문상담사, 내담자/환자)는 큰 도전에 직면해 있다. 그러나 과거에 없던 방식으로 뇌의 작동과정을 엿보게 해 주는 실로 놀라운 첨단 기술의 도움을 받아, 우리는 이전보다 훨씬 더 많은 장비를 뇌의 관찰과 연구 그리고 실무에 사용할 수 있게 되었다는 점 또한 사실이다.

한편, 전문상담사들이 이미 알고 있듯 우리가 뇌에 대해서 더 알게 되는 지식과 무관하게 상담과정에는 여러 심리적인 문제와 씨름하고 있는 내담자들에게 변화의 걸림돌이나 자원으로 작용하는 수없이 많은 측면(예: 자유의지, 영성, 변

---

3) 역자 주: MRI(Magnetic Resonance Imaging)는 자기공명영상, fMRI(Functional Magnetic Resonance Imaging)는 기능적 자기공명영상, CAT(Computerized Axial Tomography) 또는 CT(Computed Tomography)는 컴퓨터 단층촬영, PET(Positron Emission Tomography)는 양전자 방출 단층촬영의 약자이다. 이들 각각의 특징에 대해서는 〈표 1-1〉과 7장에서 설명하고 있다.

화에 대한 의지)이 있다. 뿐만 아니라 어쩌면 이와 비슷한 사고의 흐름을 따랐을 때, 우리는 두개골이라는 단단한 요새 안에 사실은 두 개의 실체, 즉 뇌와 마음이 있음을 알고 있다. 어떤 사람은 이 두 개가 비슷하거나 똑같은 실체라고 생각할지 모르지만, 우리는 개별 내담자의 뇌(그리고 뇌의 수많은 구성 요소와 상호 연결, 우리가 아직 완전히 파악할 수 없는 방식으로 배선이 이루어진 수십억의 신경세포와 수십조의 연결)와 개별 내담자의 마음(즉, 뇌가 지니는 물리적 특성을 넘어 훨씬 더 규정하기 어려운 실체) 사이에는 큰 차이가 있다는 전제와 확신을 가지고 이 책을 시작하고자 한다. 지금 나의 마음(아니면 뇌?)에는 '의식의 능력(faculty of consciousness)' '추론하고 기억하는 능력(ability to reason and remember)' '주의력(attention)' '의지(will)'와 같은 표현들이 떠오른다. 뇌와 마음 사이 어디엔가 혹은 그 둘 모두 안에, 특정 개인이 가지고 있는 고유의 기억, 삶의 체험, 세상을 알아가고 세상과 교류하는 방법, 일상적 생활 습관의 리듬 등이 존재한다. 그렇기 때문에 우리는 이러한 어마어마한 실체들을 이해하고자 노력하면서도 다음에 제시된 Kay(2009)의 주장에 동의한다.

> 신경세포들은 인간의 본질을 규정할 수 없으며, 신경전달물질의 결합은 정신장애를 설명해 주지 못한다(p. 288).

하지만 우리는 이러한 Kay의 경고를 받아들이면서도 여전히 인간의 뇌라고 알려진 실체에 초점을 맞추고자 한다. 또한 이 책에 수록된 지식은 내담자와 만나는 전문상담사를 돕기 위한 것이지만, 정신건강상의 특정 문제나 장애로 고통받는 내담자에 대한 정확한 치료/상담 절차를 체계적으로 규정하지는 않고 있음을 미리 언급해 둔다.

다른 저자들 역시 뇌에 관한 우리의 관점과 우리가 이 주제에 접근할 때 느끼는 경외감을 이미 이해하고 있을 것이다. 우리보다 먼저 다른 이들도 제안했듯이— 그리고 [인간이라는 종(種)이 오랜 시간 동안 발달시켜 온 뇌가 없이는 뇌에 대한 우리의 탐색이 불가능했을 것이라는 점에서] 역설적이게도—우리가 가장 탐구하기를 원하는 것은 아마도 바로 이 세상에서 가장 복잡한 것, 즉 인간의 뇌일 것이다.

이 책의 집필과정에 대해 몇 마디 언급하고 싶다. 우리는 전문상담사에게 유용한 최신 정보를 제공하여 신경과학이 상담 분야에 제공하는 시사점을 깊이 이해하는 것이 상담에서 내담자를 도울 기회와 가능성을 증진시킬 수 있다는 점을 알리려고 최선을 다했다. 그러는 중에 우리는 때때로 신경학적 용어를 많이 사용할 수밖에 없었다. 그러나 우리는 전문상담사와 상담 수련생이 이러한 언어에 정통하지 않을 것이라는 가정하에 생소한 용어들을 되도록 적게 제시하려고 노력했다. 이 책이 상담사 여러분에게 유익하면서도 활용하기 쉬운 책이길 바란다.

이 책은 뇌 기능에 관한 지식과 뇌 기능의 활용 그리고 상담과정의 순서로 이루어져 있다. 제2장 '뇌와 중추 신경계에 대한 개관'에서는 기본적인 신경과학 언어를 소개할 뿐만 아니라 신경생물학과 상담이 만나는 부분들을 독자들에게 인식시키는 과정을 시작한다. 이 장에는 뇌와 중추 신경계(Central Nervous System: CNS)에 관해 상세히 설명되어 있다. 우리는 신경학적 용어를 너무 깊게 파고들지 않고 가능한 한 전문용어들을 최대한 적게 사용하려고 노력했다. 독자들이 각각의 뇌 기능이 가진 주요 측면을 실제 상담과정의 맥락 내에서 이해하게 하는 것이 이 책의 주요 목표이기 때문이다.

제3장 '뇌의 발달과 가소성'에서는 뇌의 기능에 관한 논의를 계속하는데, 특히 이 장에서는 발달적 관점에서 논의한다. 대부분의 전문상담사는 다양한 연령대의 내담자와 상담한다. 따라서 삶의 각 단계에서 나타나는 뇌 발달의 주요 측면들을 소개하고 논의하지 않는다면 그것은 일종의 직무유기나 태만에 가까운 일이 될 것이다. 여기서도 우리는 상담과정이 잘 드러난 실제 상담사례를 도입하여 그 사례의 맥락에서 신경학적 용어를 사용하였다.

제4장 '다양한 상담 접근법이 뇌에 미치는 차별화된 영향'에서는 개별 내담자의 문제들을 다루고 개입할 때, 상담사가 사용하는 과정과 절차들이 (상담사가 인식하고 있든 그렇지 않든) 사실상 뇌의 기능적 측면과 보조를 같이한다는 점을 강

조한다. 실제 상담과정에서 전문상담사가 정보에 근거한 전문적 판단을 할 수 있도록 뇌의 특정 기능과 주요 상담이론의 주요 측면을 연결해서 설명한다. 즉, 상담사가 어떤 유형의 접근방법을 사용할 때 뇌의 어떤 부분이 작동/활성화되는가에 대한 내용을 다룰 것이다.

제5장 '정신건강의 신경생물학 및 신경심리학적 측면'에서는 전문상담사를 위한 신경 기능과 정신건강 문제에 관한 내용을 포함하였다. 여기에서 우리는 뇌의 기능에 초점을 맞추어 진단할 수 있는 문제와 진단이 불가능한 문제를 모두 고려한다.

정신건강 문제와 뇌 기능에 중점을 둔 부분에 이어서, 제6장 '향정신성 약물'에서는 정신건강 문제별로 전문상담사가 흔하게 접할 수 있는 약물들에 대한 중요한 정보를 제공하고, 그 약물들이 뇌 기능에 실제로 미치는 영향에 대해서 설명한다.

제7장 '뇌 기능의 평가'에서는 내담자의 뇌 기능에 대한 특정 평가과정을 묘사하고, 전문상담사가 뇌 기능 분석과 관련된 도구와 기술들을 더욱 잘 이해하고 활용할 수 있도록 돕는다. 즉, 상담 회기에서 내담자가 압도적으로 많이 사용하는 뇌의 부분들을 평가하기 위해 사용할 수 있는 유용한 지침과 기법들, 공식적인 평가방법, 결과 해석 및 임상과정에서의 적용 등을 포함한다.

마지막으로, 제8장 '뇌의 활약: 뇌의 관점에서 본 상담실제'에서는 앞서 다룬 모든 내용을 종합한다. 다양한 상담 회기에서 발췌한 실제 상담사례 내용을 제시하고 제1~7장에서 다룬 언어, 개념과 관련해서는 주석을 달아서 다시 한번 강조할 것이다. 특별히 내담자의 반응뿐만 아니라 그 시점에서 활성화된 뇌 부위들에 대해 상세하게 다룰 것이다. 또한 상담 목표에 부합하여 보다 효과적인 상담과정을 이끌어 내기 위해 전문상담사가 의도적으로 뇌의 어떤 다른 영역을 활성화시킬 수 있는지 살펴볼 것이다.

우리는 당신이 내담자와 작업할 때 이러한 자료들을 유용하게 사용할 수 있기를 바란다.

일러두기

-신경학적 상담 용어 지침-

〈표 1〉 신경학적 상담 용어 지침[1)]

Neurons	신경세포	뇌 속에서 정보를 받고 전달하며 통합하는 기본 세포 단위
Glia	교세포	중추 신경계 내에 있지만 신경세포에 해당하지 않는 지지세포
Central Nervous System	중추 신경계	뇌와 척수를 포함하는 일부 신경계
Peripheral Nervous System	말초 신경계	뇌와 척수 이외의 일부 신경계(예: 손에 있는 신경)
Left Hemisphere	좌반구(좌뇌)	글쓰기, 언어, 수학, 논리를 담당하는 뇌 영역
Right Hemisphere	우반구(우뇌)	창의성, 상상력, 음악을 담당하는 뇌 영역
Corpus Callosum	뇌량	다발로서 한쪽 반구로부터 다른 쪽 반구로 연결되어 반구 간의 정보 교류를 가능하게 하는 축삭 다발
Axon	축삭 (축삭돌기)	신경세포의 여러 부위 중에서 신경세포의 신호가 시작되어 다른 세포로 전달하는 부위
Gyrus	이랑	두개골 내에 뇌의 크기가 커지게끔 올라온 부분
Sulci	고랑	이랑들 사이에 주름처럼 들어간 부분
Fissure	틈새	이랑들 사이에 크게 형성된 주름으로 반구와 엽들을 경계 짓고 구분하는 부분
Occipital Lobe	후두엽	시각이나 꿈과 관련된 뇌 부위

1) 역자 주: 뇌 부위의 한글 번역 방식이 학자와 번역서에 따라 약간씩 다르지만, 이 책은 강봉균 등이 번역한 『신경과학: 뇌의 탐구(4판)』(2018, 서울: 바이오메디북)에서의 방식을 따랐다. 관련 문헌이나 논문을 쉽게 읽기 위해서는 영어명을 알아 두는 것도 좋다.

Temporal Lobe	측두엽	언어, 기억, 정서와 관련된 뇌 부위
Frontal Lobe	전두엽	추론, 논리와 관련된 뇌 부위
Parietal Lobe	두정엽	감각 자극과 관련된 정보를 처리하고 운동 행위를 촉발하는 부위
Cerebellum	소뇌	운동 협응과 관련된 뇌 부위
Myelin Sheath	수초	축삭을 감싸고 있는 세포의 지방질 층. 신호 전달 속도를 높임
Dendrite	수상돌기	이웃에 있는 신경세포로부터 정보를 받아들이는 신경세포 부위
Cell Body	세포체	신경세포로 들어오는 신호를 통합하는 부위
Neurotransmitters	신경전달물질	정보를 전달하기 위해 신경세포 내에서 생산되는 화학물질
Excitatory Neurotransmitters	흥분성 신경전달물질	이웃 신경세포를 흥분시키게끔 전기 전하가 걸린 전달물질
Inhibitory Neurotransmitters	억제성 신경전달물질	이웃 신경세포를 억제하게끔 전기 전하가 걸린 전달물질

차례

제 1 장 신경생물학과 상담 분야의 밀접한 관계성

서론

상담 분야의 역사를 한 걸음 물러나 조망해 보면, 지난 100여 년간 이 분야에는 네 가지 주요 세력[1]이 등장했고, 각각의 세력은 상담 실무자로 하여금 내담자와 상담과정을 좀 더 잘 이해하도록 도와주었다. 그리고 현재 우리는 내담자와 더욱 효과적이면서 목적의식을 가지고 일하게끔 도울 또 다른 획기적인 대전환을 맞이할 태세를 갖추고 있다. 이 다섯 번째 세력은 신경과학적 정보와 상담과정을 연결하면서 얻은 새로운 발견들을 결합시켰다. 상담의 다섯 번째 세력인 신경학적 상담(neurocounseling)은 어쩌면 벌써 우리의 상담 작업에 영향을 미치고 있을 수 있다.

물론 이와 같은 패러다임의 전환이 이루어지려면, 상담 분야는 완전히 탈바꿈하는 단계를 거쳐야 한다. 그러나 우리 모두가 알고 있듯이 변화는 그렇게 단번에 이루어지는 것이 아니다. 예를 들어 보자. 다른 사람들과 만나거나 소통하기 꺼리는 상태에서 빠져나오지 못하는 내담자가 있다. 숙련된 전문상담사는 내담자가 다른 사람들과의 소통하는 것의 유용성과 가치를 깨닫게끔 도와줄 수 있으며, 심지어는 사회활동에 대한 관심을 갖기 위한 작은 변화들을 이뤄 내는 것까지도 도와줄 수 있다. 그러나 궁극적으로 자신의 행동을 바꾸고 행동 패턴을 수

1) 역자 주: 이 책에서는 정신분석, 행동주의, 인본주의, 다문화주의를 의미한다.

정하기로 결정하는 것은 결국 내담자의 몫이다. 이러한 변화들은 때로는 시간이 지남에 따라 천천히 발생한다. 우리 분야에서 다문화상담 또는 다양한 사람을 위한 상담이라는 개념이 정착되는 과정 또한 그런 경우였다. 처음에는 대부분의 전문상담사 훈련 프로그램이 다문화상담이라는 주제를 하나의 강좌 내에서 '다루고 끝내는 게' 전부였다. 그래서 한동안은 효과적인 다문화상담사가 되기 위해 필요한 여러 개념은 '다문화수업'을 하는 수준 이상으로 뿌리를 내리지 못했다. 그러나 오늘날의 많은 상담 프로그램에서는 실제적인 변화가 일어나 다문화상담과 '다른' 상담 강좌(예: 인간 성장 및 발달, 상담에서의 평가 기법 등) 간의 연결고리들이 교과과정 내에 확실하게 통합되어 있는데, 이 교과과정은 이상적으로는 고정불변으로 정해져 있는 일련의 원칙이 아니라 역동적이고 수정 가능하며 변화하고 발전하는 시스템으로 간주되는 교과과정이다. 변화는 틀림없이 일어나고 있고, 긍정적인 변화는 대체로 긍정적인 결과를 유발한다. 우리는 이 책을 읽는 상담사가 내담자를 더욱 효과적으로 돕는 수단으로서 신경학적 상담에 대해 배우는 것의 가치를 우리와 공유했으면 한다. 그리고 더 늦기 전에 신경학적 상담이 상담 훈련의 핵심 교과과정에 포함되기를 바란다.

호소하는 문제가 내담자마다 독특하다는 사실로 인해 전문상담사들은 여러 가지 어려움을 겪는다. 그럴수록 상담기술의 지속적 향상을 위해 상담사들이 노력하는 것이 전문적 · 실용적 측면에서 합리적이다. 이런 맥락에서 상담과 뇌과학 영역은 경험의 축적, 통찰, 양자의 상호작용, 그리고 각 영역의 성장과 발달 등을 통해 두 영역 모두 의미 있는 열매를 맺을 수 있다.

따라서 우리는 오랫동안 상담 분야에서 일어난 변화들을 간략히 살펴보는 것으로 이 책을 시작하고자 한다. 우리는 현재 상담실에서 당신이 하고 있는 많은 일이 내담자 뇌의 재구조화나 화학 조성에 실제로 긍정적인 영향을 미치고 있다는 점을 당신이 확실하게 알고 있기를 희망한다. 또한 지식의 기반을 넓힘으로써 당신이 내담자의 신경학적 요구들을 더 잘 충족시킬 수 있는 보다 효과적인 전문상담사가 되기를 바란다.

첫 번째 세력: 정신분석

Sigmund Freud는 정신분석 분야의 개척자로서 상담 분야에서 가장 영향력 있는 인물 중 하나이다(Murdock, 2012). 그의 이론과 추측, 어휘 목록과 언어 표현 그리고 내담자와의 작업에 대한 접근법은 오늘날에도 우리가 하는 상담 작업에 여전히 스며들어 있다(Goldschmidt & Roelke, 2012). 우리는 정신분석 분야뿐만 아니라 다른 주요 상담이론 속에서도 Freud가 자신의 유명하면서도 논란이 많았던 업적을 통해 제공한 지적 유물들과 잔해들을 찾아볼 수 있다(Murdock, 2012). 아마도 현 상담 분야에 Freud가 가장 명백하게 기여한 부분은 그가 치료적 대화 또는 '말하기치료(talking cure)'를 사용했다는 점이다. 상담은 특정 심리적 원리와 접근법을 겨냥한 대화를 통해 내담자가 회복될 수 있다는 견해에 직접적이고도 명확하게 뿌리박고 있다. 어떤 경우에는 내담자가 치유적인 치료적 대화의 과정을 통해 상당한 정도로 나아지기도 한다(McHenry & McHenry, 2006). 신경학적 상담에 대한 최근 정보들을 살펴보면, 효과적인 상담의 결과로 뇌에서는 측정 가능한 두드러진 변화들이 일어날 수 있을 뿐 아니라 그러한 변화가 실제로 발생한다는 것을 알 수 있다. 사람들은 단순히 기분이 나아지거나 오래된 사고/행동 패턴을 바꾸는 것이 아니라 실제로 자신의 뇌 구조를 수정한다. 여기에서 우리는 상담(counseling)과 학습(learning)의 유사성을 비교해 보고자 한다.

학습은 종종 경험으로 인한 행동의 변화로 정의되는데(Chance, 2009), 경험이 그 자체로 자연스럽게 신경 변화(neural change)로 이어진다는 사실을 보여 주는 많은 증거가 있다(Black et al., 1990; van Praag, Kempermann, & Gage, 1999b). 따라서 상담 경험은 신경 가소성(neuroplasticity)을 촉진시킬 수 있고, 새로운 혹은 변화된 행동(예: 이전보다 효과적인 대처 행동)을 초래할 수 있다. 다음은 상담이 실제 뇌 구조에 어떤 영향을 줄 수 있는지에 대한 하나의 예시이다. (당신이 용어들에 생소하다고 해서) 여기에 등장하는 용어들 때문에 당신의 의욕이 꺾이지 않으면 좋겠다. 모든 용어나 지식에 대해서는 나중에 모두 상세히 다룰 것이다.

Kay(2009)는 주요우울장애(major depressive disorder: MDD) 상태와 관련하여 신진대사상의 세 가지 중요한 변화를 확인했다. 정상적으로 기능하는 뇌와 MDD 내담자의 뇌 사이의 세 가지 중요한 차이점은 ① 전두엽 피질(prefrontal cortex)의 활동 감소(이는 집중력 저하와 인지장애를 시사한다), ② 복측 뇌 구조(ventral brain structures)에서의 활동 증가(이는 부정적인 사고와 연관이 있다고 추측된다) 그리고 ③ 기저핵(basal ganglia)의 활동 감소(이는 적은 도파민 보상과 연관된다)인 것으로 나타났다. 자, Freud는 문제에 관련된 잘 안내되고 목적이 분명한 대화를 통해 내담자가 더 나아질 수 있다고 명확하게 주장했는데, 상담과 심리치료 분야는 1세기가 넘는 시간 동안 아무런 확실한 증거 없이 그 대의를 실행해 왔음을 기억해 보라. 그러나 오늘날 Goldapple 등(2004)과 Kennedy 등(2007)은 연구를 통해 치료적 대화의 결과로 내담자의 뇌가 실제로 변화될 수 있는 힘과 능력을 가지고 있다고 밝혔다. 양전자 방출 단층촬영(Positron Emission Tomography: PET)을 사용한 그들의 연구는 뇌, 특히 우울장애와 관련된 것으로 확인된 부분에서 긍정적인 변화가 있었다고 보고하였다. 또한 Martin 등(2001)은 단광자 방출 단층촬영(Single Photon Emission Computerized Tomography: SPECT)을 사용하여 약물치료와 상담이 모두 기저핵에 긍정적인 변화를 유발했지만, 변연계(limbic system)에서 긍정적인 변화를 일으킨 것은 상담뿐이었다고 밝혔다.

이러한 예시들은 우리가 이 책에서 다룰 많은 연구 중 일부일 뿐이지만, '말하기치료'에 대한 Freud의 독창적인 이론을 검증할 수 있는 기술이 분명히 존재하며, 실제로 연구자들이 그와 그 이후의 수많은 상담사가 올바른 길을 가고 있음을 밝혀내고 있다는 점을 이 책의 초반부터 분명히 전달하고자 한다.

Freud는 또한 이드(id), 자아(ego), 초자아(superego)라는 심리적 기제들 사이에서 작동하는 힘(interpsychic forces)과 같은 중요하고 역사적인 개념을 제시한 바 있다. Freud에 의하면, 이드는 쾌락을 추구하고 고통을 피하려는 욕구를 수용하는 개인 성격의 한 부분이다. 그는 또한 우리의 감각이 우리가 가장 원하는 것들에 대한 강한 충동과 욕구를 키워 낸 것은 이드를 통해서라는 주장을 덧붙였다. 조직화되거나 구조화되지 않은 채 존재하는 이드는 그것이 가진 쾌락에 대한 끝없는 욕망을 상쇄할 무언가가 필요하다. 자아는 이드에게 필요한 체계를 제공해 주는데, 인간의 마음은 자아의 도움을 받아 환경이 수용할 수 없는 충동들을 억제한다. 그리고 Freud에 따르면 초자아는 개인의 완벽감(sense of perfection)이나 이상화된 자신을 의미한다(Murdock, 2012).

물론 이 이론은 우리 각 사람의 마음 안에서 발생하는 밀고 당기는 힘을 매우 강조한다. 사실 신경학자들은 이와 같은 밀고 당기는 힘을 담당하는 부위를 아직 발견하지 못했는데, 그 이유는 그런 부위가 뇌 속에 물리적으로 존재하지 않기 때문이다. 그러나 Freud의 이론이 제공하는 각 사람 안에 있는 세 개의 주요 실체, 그리고 그들 간의 밀고 당기는 정신적인 힘 같은 은유(metaphor)는 두 가지 측면의 논의에 크게 도움이 되는데, 최소한 이 책의 시작점에서는 그렇다. 그중 하나는 뇌에 대한 해박한 지식의 유용성에 관한 논의이며 다른 하나는 여러 기능(화학물질, 구조, 요소 등)이 서로 무관하게 분리된 것이 아닌 전체(gestalt)로 작동되는 현상에 관한 논의이다.

또한 Freud가 제시한 이드, 자아, 초자아라는 은유적 개념은 세 가지 실체 간의 균형적 활동이 필수적이라는 의미도 내포한다. Freud에 따르면 이러한 균형적 활동의 실패는 정신질환을 유발한다. 이와 대조적으로 건강한 두뇌는 서로 연결되어 있고 상호 의존적인 여러 측면이 함께 기능하면서 균형을 이루고 있다. 신경 연결의 실패, 신경세포(그리고 뇌)의 작동에 필요한 화학물질 수준의 상승 혹은 감소 그리고/또는 뇌 각 부분의 기능 저하로 인해 내담자들은 정신건강 문제를 겪을 수 있다. Freud 이후에 두 번째 주요 세력인 행동주의가 상담 분야에 등장하였다.

두 번째 세력: 행동주의

상담 분야에서 행동 변화를 통한 문제해결 방법을 상담 실무에 적용하는 것의 가치와 중요성이 받아들여지기까지는 두 명의 주요 이론가와 많은 연구 기반의 행동 수정 및 변화 사례가 필요했다. 주요 행동주의 이론가들은 John Watson과 B. F. Skinner였다(Corey, 2009). 행동주의 연구들은 체계적인 실험을 통해 환경을 조작하는 방법으로 개체의 행동을 바꿀 수 있음을 보여 주었다. 이와 같은 방법은 내담자의 행동을 변화시키는 데 있어 명백하게 효과적이며, 더 나아가 인지적 접근과 결합이 되면 내담자 자신과 다른 사람들에 대한 관점 또한 수정하는 데 도움을 주었다(Kay, 2009). 자기공명영상(MRI), 기능적 자기공명영상(fMRI), 컴퓨터 단층촬영(CAT) 등이 없었을 때에도 행동주의는 올바른 변화인자(modifier)만 제공된다면 사람이 실제로 변화할 수 있다는 것을 관찰함으로써 큰 인기를 얻었다. 오늘날 신경학적 상담 분야는 이러한 변화가 왜 그리고 어떻게 가능한지를 관찰할 수 있는 능력을 갖추었으며, 많은 경우 행동적 변화인자의 결과로 뇌에서 나타나는 실제적인 물리적 변화를 기록할 수 있게 되었다(Linden, 2006).

예를 들어, 행동주의 관점에서 볼 때 반복적인 외상 경험은 뇌의 구조나 체계의 변화로 이어질 수 있다(Creeden, 2009; van der Kolk, 2003; Bremner, 2002; Perry, 2001). Pavlov의 개 실험에서 사용된 '조건 반응(conditioned responses)' 개념을 떠올려 보면, 수년간 반복적으로 외상을 입은 사람들이 자극(예: 시끄러운 소리)에 대한 조건 반응을 보일 것이라는 것은 그리 터무니없는 생각이 아니다. 하지만 신경학적 상담은 그러한 조건 반응들이 보통 뇌의 내부적 변화와 쌍을 이루거나 환경 신호에 대한 구조 전반의 반응과 쌍을 이룬다는 사실을 이해함으로써 기존 행동주의적 관점보다 추가적인 이득을 얻을 수 있다. 뇌 속에서 발생하는 그러한 물리적인 변화는 변연계의 과민성(limbic irritability), 편도체(amygdala) 활동의 지속적 증가, 해마 부위의 크기 감소, 좌반구 발달의 결함 등을 포함한다. 다시 말해, 외상 사건의 반복처럼 행동이 부적응적으로 조건화되는 훈련과정이 발생하면, 아동이나 성인의 뇌에서 부정적인 물리적 변화가 유발될 수 있다. 따라서 전문상담사는 신경학적 상담 관점을 활용하여 (앞서 언급한) 뇌의 특정 부분들에 초점을 맞추고 목표가 분명한 기술을 사용함으로써 내담자를 '치유'하거나 내담자의 뇌를 긍정적으로 재구조화할 수 있다.

세 번째 세력: 인본주의

Carl Rogers를 비롯한 여러 상담가는 인본주의라고 불리는 새로운 상담 접근을 개발하면서 상담의 새로운 방향을 선도하였다. 인본주의는 하나가 아닌 여러 학자의 관점—Rollo May, Carl Rogers, Victor Frankl, 그리고 Abraham Maslow—을 바탕으로 그 정체성이 구축되었다(Gladding, 2001). 핵심만 말하면, 내담자와의 상담에서 열쇠가 되는 요소들은 (정신분석적 접근법에서 흔하게 사용하는) 처방 및 지시하기보다는 Rogers(1951)가 인간 변화의 필요 및 충분 조건이라고 말했던 조건들(공감, 무조건적 긍정적 존중, 진실성), 인간의 내적인 힘을 존중하고 활용하기, 또는 내담자가 자신의 인생에서 의미를 만들어 가는 것을 도와주기와 같은 것들을 포함한다. 그리고 외부의 자극(즉, 행동 변화인자)으로부터 변화를 창출하는 행동주의적 모델에 대한 대안으로, 인본주의자들은 상담을 (내담자가 이미 가지고 있는 자원들을 활용함으로써) 내담자 스스로 자신의 내부에서부터 성장하도록 촉진하는 과정으로 보았다(Kay, 2009). 인본주의는 말하기치료나 상담은 상담사가 내담자를 자신의 삶의 방향에 대한 전문가로 보고 상담사가 권위자가 아닌 안내자나 촉진자 역할을 할 때 효과적일 수 있다는 점을 가르쳐 주었다(Corey, 2009). 이러한 관점은 상담 분야에 중요한 변화를 일으켰다.

인본주의 접근을 사용하는 상담사들에 의해 이러한 접근법의 본질적인 가치들이 시사되었지만, 내담자의 뇌에서 어떤 일이 일어나는지에 대한 확실한 정보는 존재하지 않았다. 신경학적 상담에 대한 문헌들이 증가하면서 이제야 우리는 이러한 접근법이 활용되었을 때 특정 내담자에게 실제로 어떤 일들이 일어나는지에 대해 보다 더 잘 이해하게 되었다.

인본주의는 기본적으로 개인의 의미 추구과정에 초점을 맞추는데, 그러한 의미 추구과정에는 새로운 방식으로 세상 '안에' 존재하고 세상과 '함께' 존재하게끔 하는 본질적 자발성이 내재되어 있다. 이 관점은 새로운 이해[인지적 접근][2]와 대처 방식[행동주의 접근]에 자기주도력(self-drive)과 자기조절(self-regulation)이 결합될 때에야 내담자가 진정한 의미의 자기성장을 할 수 있다는 입장을 견지한다. 신경과학에서는 전자현미경이 발명된 덕분에 1950년대에 신경 가소성이라는 개념이 경험적으로 뒷받침되었는데, 이로 인해 인본주의적 관점으로 상담이 진행되었을 때 어떤 일이 발생하는지에 대해 더 잘 이해할 수 있게 되었다.

신경 가소성 이론은 우리가 발달하고 성장하고 새로운 학습 내용을 통합할 때 우리의 뇌는 끊임없이 수정되고 재구성된다는 사실을 분명하게 시사하고 있다. 결과적으로 당신이 어제 가지고 있었던 뇌는 오늘의 뇌와 다르다. 이 과학적 관점은 우리 모두가 '되어 가는 과정에(in the process of becoming) 있다.'고 주장하는 인본주의적 이데올로기와 아주 잘 어울린다. 새로운 정보는 새로운 신경 연결, 그리고 뇌의 물리적 및 화학적 변화를 의미한다. Grey(2010)는 개인에게 새로운 정보가 제공되면 그 새로운 데이터를 소화하기 위해 새로운 신경 연결들이 만들어진다고 하였다. Garland와 Howard(2009)는 인간의 뇌에서 새로운 신경 경로들이 평생 동안 생성된다고 하였다. 뿐만 아니라 그들은 또한 내담자가 맞닥뜨리는 깊이 있고 의미 있는 도전적인 경험을 통해 실제로 새로운 뇌 세포조직(brain tissue)이 생겨난다고 밝혔다(이것이 전문상담사들에게 더욱 흥미로운 사실이다). 인본주의 상담의 핵심은 내담자 자신에 관한 새로운 사실을 자신 내부로부터 학습하게끔(learn from within) 상담사가 돕는다는 사실이다. 당연한 말이지만, 상담에서 이 목표가 달성되면 내담자가 '더 나아졌다고 느낄' 뿐 아니라 내담자의 (물리적인) 뇌 역시 더욱더 온전한 형태로 발달하고 심지어 확장될 가능성이 높아진

---

2) 역자 주: 이 책에서 [ ]는 역자가 추가한 부분이다.

다. 또한 뇌는 이러한 새로운 정보를 뇌의 감각운동 영역에 보냄으로써 그 영역에서 기존에 가지고 있던 연결을 넘어 새로운 연결들을 생성해 낸다. 시간이 지나면서 초기 연결들은 실제적 반사(actual reflexes)를 일으키는 회로가 될 수 있다(Grey, 2010).[3] 그렇기 때문에 우리는 상담에 대한 인본주의적 접근이 신경 과학을 통해 드러난 최신 정보에 의해 지지된다는 점을 알게 되었다.

네 번째 세력: 다문화주의

상담 분야는 끊임없이 발전하고 있으며, 최근에는 각 내담자의 진정한 고유성을 보다 잘 이해하고 다루기 위한 전문적인 여정을 계속 확장하면서 진행하고 있다. 특히 문화적 차이에 관한 문제에 대해서는 더욱 그렇다. 이를 위해 내담자는 ① 인간의 보편성, ② 문화적 다양성, ③ 개인적 개성의 세 가지 중요한 층을 가진 존재로 그려지고 있다. 물론 상담은 적어도 어느 수준까지는 모두 다문화상담으로 간주될 수 있다. 내담자의 이슈와 문제를 다루기 위해 만나는 행위란 곧 여러 측면에서 서로 다른 두 사람이 한 자리에 함께하는 일이다. 그런데 우리 각자는 무수히 많은 측면에서 서로 다르다는 점(개인의 고유성)을 받아들이면서도 어떤 면에서는 서로 매우 유사하다는 점(예: 우리는 모두 숨 쉬고 먹고 마신다) 또한 알고 있다. 그 유사성은 인간의 두뇌가 일반적으로는 누구에게나 비슷한 방식으로 조직되어 있다는 사실로 인해 더 잘 입증될 수 있다. 편도체와 뇌량은 모든 문화권의 사람에게 유사한 기능을 한다. 그러나 그 사람의 뇌가 어떤 에너지로, 얼마나 많이 그리고 어떤 방식으로 세상으로부터 의미를 받아들이고 소화하며 새로운 의미를 창출하는 과정을 학습했는지에 따라 각 개인의 고유성이

3) 역자 주: Grey(2010)에 의하면, 사람이 정보를 접하면 신피질은 정보를 처리함과 동시에 신피질에서 변연계로 연결되는 회로를 통해 정보를 전달한다. 변연계는 감각 정보를 처리하고 신체적 움직임을 촉발하기 위해 감각운동 영역으로 정보를 보낸다. 이러한 과정이 반복되면 신피질-변연계-감각운동 영역으로 연결되는 회로가 형성되는데, 일단 이 회로가 형성되면 그 이후부터는 이 세 부위의 정보처리는 자동적 · 절차적, 즉 반사적으로 작동하기 시작한다. 이러한 학습과정을 하양식(top-down) 방식이라고 한다.

달라진다. 이러한 차이는 문화적 다양성(예: 언어, 영양 수준에 따라 달라지는 뇌의 화학적 변화 등)에 어느 정도 기인한다. 그러나 이 책의 뒷장에서 다루겠지만, 사실 개인의 고유성은 문화적 차이, 인종적 차이 이상의 것을 의미한다. 그렇다면 한 걸음 더 나아가서 우리가 상담과정에 신경학적 상담 요소를 추가한다면 내담자들을 더욱 깊이 이해할 수 있다고 생각할 수는 없을까? 만약 그렇게 생각할 수 있다면 현저하게 좌뇌 지향적인 내담자들은 어떤 특정 문화적 집단에 속한다고 제안할 수 있지 않을까?[4] 인간의 뇌에 대해서 우리에게 알려진 것을 바탕으로 볼 때, 그들은 현저하게 우뇌 지향적인 사람들과는 매우 다른 규칙과 구조를 가지고 있을 것이다.

다섯 번째 세력: 신경학적 상담

그렇다면 우리는 상담 분야가 현재 이전 세대의 연구자들은 활용할 수 없었던 기술들을 가지고 과학적이고 실용적인 탐구의 새로운 여정에 첫걸음을 내디뎠다고 생각한다. 이러한 노력은 신경과학과 상담 분야의 연결과 결합에 의해 주도되고 있다. 많은 저자가 사전-사후 평가와 내담자 보고서를 통해 상담과정과 상담 성과를 입증하고 검증할 수 있다는 사실을 확인했지만, 현재 우리 분야는 상담 결과로 실제 발생하는 뇌의 변화를 실시간(real time)으로 기록할 수 있는 시점에 이르렀다. fMRI를 통해 내담자의 뇌의 어떤 부분이 활성화, 발화, 또는 휴면 상태가 되는지 관찰할 수 있다. 또한 CAT 스캔과 MRI를 사용하여 임상적 노

4) 역자 주: 여기에서 저자는 문화적 차이를 구분하는 기준을 문화인류학적 기준, 인종적 기준이 아니라 그러한 기준에 따라 나타나는 차이가 뇌 기능에 반영됨으로써 궁극적으로는 뇌 기능을 기준으로 차이를 변별할 수 있음을 조심스럽게 제안하고 있다. 전통적으로 A 인종과 B 인종에 속하는 내담자의 차이는 피부색, 지역, 생활양식의 차이로 보았지만, 이를 신경과학적 관점에서 보면 각 문화권 내에서 받은 자극과 그 결과로 형성된 학습의 차이, 그리고 궁극적으로는 그 학습이 반영된 특정 부위의 뇌 기능의 차이로도 간주할 수 있음을 제안하고 있다. 즉, 문화적 차이는 뇌 기능에 반영될 수밖에 없기 때문에 이런 관점에서는 결국 뇌 기능의 차이를 관찰하는 것이 문화적 차이를 이해하는 한 가지 방법이 될 수도 있다.

력에 의해 발생하는 뇌의 변화를 시간 경과에 따라(예: 6회기의 상담 동안) 관찰할 수 있다. 최근까지 상담의 성과를 실제로 평가하기 위해 자기보고나 관찰된 행동 변화만을 사용할 수 있었던 것을 고려해 보면 이는 아주 획기적인 발전이라고 할 수 있다. 신경과학의 또 다른 혁명이 시작될 수 있는 시점에 와 있다는 것은 꽤나 신나는 일이다.

신경학적 상담의 출현으로 가장 기대되는 점은 단연코 우리 내담자들을 더 잘 알 수 있는 기회가 증가한다는 점이다. 다시 말해, 우리는 상담 방식이나 이론적 성향 혹은 어려움에 처한 내담자와 함께하는(being-with) 방식에 상관없이 내담자들의 문제를 다룰 때 내담자의 뇌에서 실제로 발생할 수 있는 변화들에 대해서 보다 잘 이해함으로써 모두 이익을 얻을 수 있다.

생각해 볼 주제

☑ 우리가 실제로 신경생물학적 이해에 기초한 구체적인 치료법들을 활용하는 시점에 다다랐다면 이것은 상담 분야에 어떤 의미를 갖는가?

☑ 또 이것은 상담 실무자로서 당신에게 어떤 의미를 갖는가?

☑ 이러한 변화는 전문상담사 윤리, 자격 취득과정, 수련과정, 전문상담사 교육과정 인증체계에 어떤 영향을 미칠 것인가?

누구에게나 열려 있는 신경학적 상담

상담 분야에 늘 존재하는 주제 중 하나는 내담자와 함께 작업하는 '올바른' 방법을 찾는 것이며, 이에 대해서는 끊임없는 노력이 진행되어 왔다. 실제로 상담 분야의 초창기 이론가들인 Freud, Adler 그리고 Jung은 어떤 이론이 최고의 이론인지에 대해 서로 토론과 논쟁을 펼쳤다. 그다음 세대의 상담 실무자들은 이전의 이론들과 (초보 상담사들에게 제시되는 주요 이론적 접근으로) 내담자중심, 행동주의, 게슈탈트 치료 등 중에서 선택해야 하는 상황에 이르렀다. 그 뒤를 따른 상담사들은 인지적, 인지행동적, 내러티브, 해결중심 접근법을 추가함으로써 상담 분야에 더 큰 명확성 또는 (관점에 따라서는) 더 큰 혼란을 더했다. 결국 대부분의 전문상담사는 가장 좋아하는 하나의 이론이나 이론가를 선택하는 대신 다양한 접근법을 같이 사용하기로 결정한다(예: 내담자의 필요에 따라 A열에서 하나, B열에서 하나를 선택하는 것 등). 우리는 이런 접근을 절충주의(eclecticism)라고 부른다. 뜻밖에도 이 접근은 좋은 선택으로 밝혀졌다. 왜냐하면 신경학적 관점으로 인간의 뇌에 미치는 상담의 영향에 대해 이해하게 되면서 우리는 각각의 주요 이론이 실제로 내담자의 뇌에 긍정적인 영향을 줄 수 있다는 점을 알게 되었기 때문이다. 이제 뇌의 변화를 뒷받침하는 증거는 상담과정에서 수행된 신경학적 영상을 통해 수집한 자료로 기록되고 있다. 이러한 증거는 전문상담사들이 내담자들을 돕고자 하는 노력을 지원한다(Shedler, 2010). 간단히 말하자면, 이것은 이미 유명한 상담 도구들이 매달려 있는 당신의 연장 벨트에 추가할 수 있는 또 다른 도구(아마도 주요 도구)인 것이다. 지금까지 연구자들은 정신역동 접근(Goldschmidt & Roelke, 2012)에서부터 인지행동치료(Goldapple et al., 2004)와 명상(Depraz, Varela, & Vermersch, 2003)에 이르기까지 다양한 상담 접근이 내담자 뇌의 화학적 상태 및 뇌 구조에 긍정적인 영향을 미치는 것으로 보인다고 보고하고 있다. 이 책의 뒷부분에서 설명하겠지만, 앞서 제시한 접근 외에도 상담의 모든 주요 이론은 내담자의 뇌 변화에 대한 증거를 제공하는 뇌 영상법을 통해 뒷받침될 수 있다.

이상의 모든 논의를 감안할 때, 우리는 다음과 같은 결론을 제시할 수 있다. 첫째, 내담자가 겪고 있는 정신건강 문제에 대해 효과적으로 '이야기'하도록 돕는 수단인 상담은 현재 인정되고 있는 치료방법이다. 둘째, 상담 분야와 개별 전문상담사들은 특정 상담 접근이 내담자의 뇌에 끼치는 영향에 대한 이해를 심화하는 현대적 기술과 도구들을 활용함으로써 내담자를 더욱 효과적으로 도울 수 있게 될 것이다.

'남을 돕는 직업'을 가지고 있는 전문상담사, 심리학자, 치료사, 사회복지사는 자신들이 인지하든 그렇지 않든 간에 매일같이 인간의 뇌를 다루고 있다. 슬픔과 상실, 불안, 우울증, 공포증 등 어떤 문제를 다루는지와 상관없이 대부분의 작업은 내담자가 무엇을 생각하고 느끼는지 그리고 그러한 생각과 감정의 결과로 어떤 반응을 하는지에 주로 관심이 있다. 효과적인 상담은 일반적으로 내담자의 변화, 수정 및 새로운 통찰을 촉진시켜 좀 더 효과적인 행동을 유도한다. 이 모든 사고, 감정, 동기의 중심에 있는 뇌는 인간의 행동을 인도하고 본질적으로 개인의 삶의 방식을 정한다.

더 구체적으로 말하자면, 흔히 뇌와 중추 신경에 대해 생각할 때 우리는 결국 자연이 생산한 가장 복잡한 하드웨어를 이해하고자 하는 것이다. 이와 관련하여 신경생물학자들은 뇌의 수십억 개의 유동적인 부분 간의 상호작용이 어떻게 작용하여 실제로 리드미컬하고 체계적이며 복제 가능한 패턴들을 만들어 내는지, 그래서 그것들이 어떻게 인간의 사고, 감정 등을 유발하는지를 더욱 완전하게 이해하려고 한다. 뇌 신경의 실체적 연결(hardwiring) 외에도 (평생에 걸쳐 발생하는) 화학적 변화나 구조적 변화 그리고 매 1,000분의 1초마다 분자적 수준에서 발생할 수 있는 변화들까지 고려하면, 이것은 결코 쉽거나 작은 작업이 아니다. 우리가 이미 알고 있는 사실, 즉 뇌의 기능과 역할이 없이는 우리가 일상적으로 사용하는 단어조차 읽고 이해하는 것이 불가능하다는 사실을 고려하면, 뇌에서 발생하는 현상을 이해하려고 하는 시도는 참으로 흥미롭고 매혹적인 작업임에 틀림없다. 그 문제[즉, 단어를 읽고 이해하는 문제]에 대해서라면, 우리는 신경활동과 상담과정 간의 연결성을 추론하고 숙고하며 성찰할 수 없다. 고차원적으로 사고하고 뇌가 발달된 종으로서 누릴 수 있는 축복은 우리가 어떻게 뇌의 유용한 측면에 접근하여 각 사람이 더욱 생산적이고 의미 있으며 더욱 행복한 삶을 살게 할 수 있을지에 대해 질문할 수 있다는 것인데, 어떤 연구자나 상담 실무자들은 매일같이 이러한 질문을 던지고 있다.

그러나 앞서 이루어진 모든 논의와 무관하게 한 가지 중요한 점을 분명히 짚고 넘어가자. 이 책은 전문상담사를 신경생물학자로 만들려는 의도가 없다는 점이다. 실제로 대부분의 전문상담사는 뇌의 내부 작용을 탐구하는 연구들에 대해 깊이 있는 탐색을 해 본 적이 없을 것이다. 현존하는 전문상담사 훈련과정에서는 이와 관련된 정보가 제시되더라도 제한적이다. 그리고 신경심리학 관련 주제에 대해 전문상담사가 받는 훈련이 제한적일뿐더러, 최근까지 이러한 주제에 대한 연구를 게재한 주요 상담 관련 학술지들 또한 아주 드물다.

그러나 뇌에 관해 아주 깊이 이해하지 않더라도, 상담 회기가 진행됨에 따라 당신이 만나는 내담자의 뇌에서 어떤 일들이 벌어지고 있는지에 대한 정보, 사실 그리고 이해 능력을 갖추고 있다면 당신은 훨씬 더 효과적이고 생산적인 상담사가 될 수 있을 것이다. 이 책의 나머지 부분에서 다룰 내용은 뇌와 그 기능에 대한 최근 문헌의 검토, 특정 상담 이론과 접근법이 어떻게 실제로 내담자가 자신의 뇌의 여러 부분을 활용하는 데 큰 영향을 미칠 수 있는지에 대한 검토를 포함하고 있다. 이러한 정보들은 당신에게 새롭고, 어쩌면 예상하는 것보다 더 중요한 도구들을 제공하여 내담자들과 한층 더 효과적인 작업을 하도록 할 수 있다.

이 책은 뇌와 그 기능에 관한 최근 연구에 기반하고 있다. 그럼에도 불구하고 여기에 실린 연구 결과들은 이 접근이 상담 분야의 역동적인 새로운 세력의 시작에 불과하다는 것을 분명하게 인정한다. 훈련받은 대부분의 전문가는 우리가 100년 전에 알고 있었던 의학 정보와 현재 우리가 알게 된 정보에 엄청난 차이가 있다는 것을 인정할 것이다. 그와 비슷하게, MRI, fMRI 및 CAT의 출현이 가져온 이점으로 인해 뇌를 실제로 이미지화하고 해독하는 능력이 향상됨에 따라 향후 100년 동안 우리가 뇌의 요소들, 화학작용들 및 기능들에 대해 확연하게 더 많은 것을 발견할 것이라고 기대해 본다. 당신이 내담자와 만날 때 가장 최신 지식을 바탕으로 사용할 수 있는 새로운 도구들을 제공하는 것, 바로 이것이 이 책의 주요 목표 중 하나이다.

신경학적 상담 분야에서 이미 축적된 자료, 연구 및 지식들을 이야기하기에 앞서 우리는 뇌의 내부를 '보는' 데 도움이 되는 시험 장비의 유형에 대해 짤막하게 설명하고 넘어가고자 한다. 지난 20~30년 동안 널리 보급된 이러한 기술들은 우리가 오랫동안 원했던 실시간 자료를 생산하는 주요 원천이다. 그 전까지 우리는 자기보고(self-report) 혹은 행동 관찰에만 의존해야 했다. 물론 이러한 방법들 또한 신뢰할 수 있고 유효한 변화 측정방법일 수 있다. 하지만 신기술들은 우리에게 뇌의 여러 면을 엄청난 깊이와 선명도로 탐구할 수 있는 기회를 제공한다. 한 사람의 뇌에서 휴면 상태에 있는 다른 부위들과 달리 특정 부위가 활성화되는 것을 관찰함으로써 상담과정에서 특정 개입이 취해질 때 내담자의 머리 내부에서 일어날 수 있는 일들을 명확하게 밝혀낼 수 있다. 우리가 알고 있는 신경학적 상담은 〈표 1-1〉에 설명된 기술들을 효과적으로 사용할 때만 존재할 수 있다. Linden(2006)은 작동하는 뇌를 제대로 이해하려는 작업—특히 비침습적 방법을 통해 순간의 변화들을 감지하려는 노력—이 지금까지는 매우 어려웠다고 밝혔다. 감사하게도, 우리는 이제 그러한 기술을 사용하고 있고, 그것을 통해 상담과정 전반에 걸쳐 실제로 일어나는 일들에 대해 구조적 차원이나 화학적 차원에서 보다 의미 있는 방식으로 이해할 수 있게 되었다.

신경생물학은 오랫동안 존재해 왔으며, 처음부터 뇌 기능에 대한 놀랍고 새로

〈표 1-1〉 뇌 영상 기법

자기공명영상 (Magnetic Resonance Imaging: MRI)	2차원 또는 3차원. 다양한 유형의 연조직 간의 차이를 보여 줌.
기능적 자기공명영상 (Functional Magnetic Resonance Imaging: fMRI)	혈액/산소 수준의 변화를 측정하여 신경활동을 실시간으로 정량화함.
컴퓨터 단층촬영 (Computerized Axial Tomography: CAT)	뇌와 여러 하위 구조의 '단면(planes)' 또는 절편(slices)을 제공. 단면들은 뇌의 3차원 이미지를 만들기 위해 중첩될 수 있음.
양전자 방출 단층촬영 (Positron Emission Tomography: PET)	뇌의 3차원 이미지를 생성함.

운 통찰들을 제공했다. 대부분의 역사학자는 신경과학이 고대 이집트인들과 그리스 철학자들에 의해 시작되었다고 본다. 많은 이는 신경과학의 현대 선조가 Golgi와 Ramon y Cajal 두 사람이라는 것에 동의할 것이다. 이들은 1906년에 노벨상을 수상하였는데, Golgi는 현미경을 통해 뉴런의 시각화를 가능하게 하는 착색제를 개발하였고, Cajal은 (Golgi의 착색제를 사용하여) 뉴런이 개별 개체이며 [뉴런이 연결된 그물 구조를 이룬다는 망상설을 주장했던] (Golgi의 주장과는 달리) 뉴런이 상호 연결되지 않았음[5]을 최초로 주장하였다. 그 이후로 신경생물학은 오랜 기간에 걸쳐 발전해 왔는데, 상담학 분야 역시 그 시점쯤부터 오랜 기간 발전하여 지금에 이르렀다. 일부 연구자는 이제 두 분야가 이전보다 훨씬 더 밀접하게 결합하여 임상 접근법에 대한 명확한 방향을 제시할 때가 왔다고 보고 있다 (Creeden, 2009).

신경과학에는 단순히 추측에 근거하거나 사변적인 것이 아닌 신뢰성 있고 검증된 과학적 사실로 보이는 것이 많다. 신경과학은 한평생에 걸쳐 기능하는 두뇌의 활동과 화학적 작용들을 입증할 수 있는, 숙고되고 측정되었으며 확인된 과학에 입각하고 있다. 그렇기 때문에 현재 우리가 뇌에 대해 알고 있는 지식들은 새로운 발견과정의 시작에 불과하다고 볼 수 있지만, 동시에 신경학 분야에서 도출된 지식으로서 이 책이 의존하는 결론들은 추론이 아닌 측정에 입각한 실증적 결론들이다.

상담과정은 과학이기도 하지만 예술이기도 하다. 무엇을 어떤 시점에 말해야 하는지를 알게 되기까지는 수년간의 훈련과 경험이 필요하다(Gladding, 2001). 전문상담사는 다양한 문제를 가지고 상담을 찾는 내담자와 작업하기 위해 자신만의 상담 스타일을 고안해 낸다(Ivey & Ivey, 2003). 모두는 아니겠지만, 대부분의 내담자는 빠져나오기 힘든(stucked) 삶의 문제를 다루기 위해 상담을 찾는다 (Cade & O'Hanlon, 1999). 이러한 '빠져나올 수 없음(stuckness)'은 이론들뿐 아니라 서로 다른 다양한 도구와 수단, 임상적 판단을 통해 설명되고 평가될 수 있다

5) 역자 주: 이를 뉴런 학설(neuron doctrine)이라고 한다.

(Hood & Johnson, 2007; Drummond & Jones, 2010). 전문상담사가 어떤 접근방법을 사용하든 뇌의 기능을 파악하는 것은 유용할 수 있다. 달리 말해, 뇌의 어느 부분에서 내담자 자신 또는 그들의 삶의 문제가 고착되었는지를 파악함으로써 전문상담사는 가능한 해결책과 치료법에 관한 단서를 찾을 수 있는데, 대부분의 경우 그 해결책과 치료법은 내담자 안에 있다.

이 책은 뇌 자체와 정신건강, 약물치료, 마약 및 알코올과 같은 문제와 뇌 사이의 관련성, 뇌 기능을 평가하는 기술 등을 안내한다. 그러한 내용 중에는 태아가 태어나기 전 자궁 내에서부터 노년까지 이루어지는 뇌의 전형적인 발달과정도 포함된다. 또한 다양한 상담이론이 뇌 기능에 어떤 영향을 주는지도 다룰 것이다. 끝으로, 우리는 전문상담사가 제공하는 어떤 반응, 대화를 이끄는 어떤 실마리 그리고 어떤 질문이나 제안들에 의해 내담자의 뇌가 반응하는지를 보여 주는 몇몇 가상적인 상담 장면의 예시(즉, 주석이 달린 상담 축어록)를 구성하여 제시할 것이다.

생각해 볼 주제

☑ 당신의 학부와 대학원에서의 상담학 교과과정을 생각해 보자. 상담과정의 신경생물학적 측면에 대한 지식과 인식을 향상시키기 위한 훈련, 교육, 독서를 얼마나 많이 수행하였나?

☑ 뇌의 어떤 부분들을 식별하고 이름을 말할 수 있는가?

☑ 뇌의 여러 부분에서 어떻게 우리의 사고와 감정이 형성되고 유지되는지에 대해 얼마나 잘 알고 잘 설명할 수 있는가?

주: 우리는 당신이 이 책을 통해 앞서 언급한 각 영역에 대해 새로운 의미와 이해를 발전시킬 수 있기를 진심으로 바란다.

신경학적 상담의 추가적 특징: 아직은 절정이 아니다

현재까지의 연구 결과에 따르면 뇌는 지구상에 존재하는 도구 중 가장 고도로 발전된 도구 중 하나임이 분명하다. 실제로 Garland와 Howard(2009)에 따르면 인간의 뇌에는 놀라울 정도로 수많은 세포 수준의 연결 고리(뇌 속에서 서로 연결되고 얽혀 있는 수십조 개의 신경으로서 신경세포라고 부름)가 존재한다. 신경과학과 신경학적 상담 분야는 분명 초기 단계에 있다. 따라서 다음과 같은 경고성 의견들을 명확하게 짚고 넘어가려 한다.

먼저, 우리는 뇌와 그것의 모든 다양한 구성 요소가 인간의 전부라고 생각하지 않는다. 우리가 만나는 개개인의 내담자에게는 신경과학을 초월하는 측면들이 있으며, 현재의 과학적 접근법으로 계량화되거나 이해될 수 없는 양상들이 존재한다. 사실상 일부 측면에 대한 완전한 이해는 오랜 시간이 지나도 어려울 수도 있다. 예를 들어, Viktor Frankl이 묘사한 '인간의 정신'과 같은 측면은 뇌의 특정 부분에 존재하는 것이 아니다.

그리고 우리는 이 책에서 현재까지의 최신 상담실제 그리고 신경과학과 신경학적 상담 사이의 연관성에 대해 최대한 설명하고 제시하였다. 하지만 우리는 기술이 더욱 발달하고 뇌의 변화를 측정하는 능력이 향상됨에 따라 신경학적 상담 분야와 이 책에 실린 정보들이 수정될 수 있음을 잘 알고 있다.

따라서 이 책은 전문상담사가 자신이 만나는 내담자가 심리적인 어려움에서 벗어날 수 있도록 더 효과적으로 돕는 방법을 설명 · 제안하려고 시도한다. 내담자의 문제가 과거의 외상, 방치, 삶 속에서 겪은 상황, 비효과적으로 학습된 반응, 또는 단순히 심각한 손상을 가져온 실존적 사건으로 인한 고통 중 어떤 요인에 의한 것인지와 상관없이, 누군가를 정신적인 괴로움과 심리적 고통의 사슬로부터 벗어나게 하는 것은 진정으로 숭고한 대의라고 할 수 있다. 이러한 중요한 여정에 있는 내담자를 더욱 잘 돕기 위해 전문상담사는 뇌가 어떻게 기능하는지에 대한 지식 수준을 향상시켜야 한다. 우리는 당신이 이에 대해 동의하기를 진심으로 바란다.

생각해 볼 주제

효과적인 전문상담사는 상담과정에서 자신을 돌아볼 수 있어야 한다. 전문상담사는 대체로 인간 본성에 대해 자신이 가지고 있는 편견, 선입견, 가치관, 신념들과 더불어 사람들이 어떻게 변화하는지에 대한 자신의 이론에 대해 인식하고 있도록 훈련받는다. 하지만 내담자를 뇌 기능의 관점에서 고려하도록 하는 과학적 접근방법이 부각되는 현상이 어떤 전문상담사에게 내담자를 전체적인 관점에서 이해하려는 노력을 단념하게 하거나 방해하는 요소로 간주될 수 있다. 이를 염두에 두면서 다음 주제들에 대해 생각해 보자.

- ☑ 당신은 인간의 정신, 탄력성, 자유 의지, 심리적 에너지, 영성 등 측정할 수 없는 개념들을 다루는 당신의 기존 상담 접근법에 신경학적 상담의 신경과학을 어떻게 접목시킬 수 있을까?
- ☑ 마음챙김 과정이 가지고 있는 유용성과 그것이 뇌를 변화시키는 기능에 대해 앞으로 다루겠지만, 그러한 치료적 기법들의 기원(예: 영적 혹은 종교적 종파)은 영적 자아(spiritual self)가 그 본질을 진정으로 포착하는 합리적이거나 연구-기반적인 방법으로 수량화될 수 없다는 점을 시사하고 있고 우리는 이에 동의한다. [이 주제에 대해서는 어떤 입장을 취할 수 있는가?]

복습을 위한 질문

1. 신경학적 상담은 지금까지 전해 오던 상담학의 네 가지 세력과 관련하여 우리가 갖고 있는 여러 가지 추측과 지식에 어떤 요소를 어떻게 추가할 수 있는가?
2. MRI가 제공하지 못하는 것 중에서 fMRI는 제공할 수 있는 것은 무엇인가?
3. 전문상담 분야에서 신경학적 상담을 주요한 세력으로 포함시킬 것을 설득력 있게 주장해 보라.

제 2 장 뇌와 중추 신경계에 대한 개관

인간이라는 종(種)이 갖고 있는 고차원적 기능과 관련된 재능과 기술 중 하나는 엄청나게 복잡한 개념들, 과정들 그리고 세상의 부분들을 설명할 때 단어와 문장을 활용하는 능력이다. 우리는 이 책에서 이와 같은 능력을 신경생물학의 기본 언어에 대해 소개 또는 (당신이 이 주제에 대해 가지고 있는 지식의 수준에 따라서는) 재소개하는 과정에 활용하려고 한다. 이 단계는 인간 뇌의 여러 부분, 그 부분들 간의 관계들, 또 그와 관련된 상담과정에서의 이슈들을 이해하기 위해 꼭 필요하다. 축II 진단을 논의하는 두 명의 전문상담사 간의 대화에서 일반인들이 의미를 찾기 어려워하는 것처럼, 뇌와 그 기능에 대한 기본적인 지식이 없는 전문상담사는 이어지는 장들에서 나오는 뇌의 다양한 부분을 지칭하는 용어를 소화해 낼 수 없을지도 모른다. 따라서 이 장에서는 먼저 뇌와 중추 신경계에 관한 기본적인 정보를 제공하고자 한다. 독자가 이러한 주요 부분들과 관련된 용어들을 얼마나 잘 기억하는지에 따라 이 책의 나머지 장이 독자에게 주는 의미가 달라질 것이다.

뇌 이해하기

많은 사람에게 독서란 매우 여유로운 과정이다. 나(Angela Sikorski)는 책을 읽을 때 소파에 누워 담요를 덮은 채 읽기를 좋아한다. 만약 당신이 이 모습을 목격한다면 내가 책 종이를 넘길 때나 종종 다른 쪽으로 돌아누울 때를 제외하고는 거의 아무런 움직임도 감지하지 못할 것이다. 독서와 관련된 외적 행동들은 상당히 평온하다고 말할 수 있을 것이다. 하지만 놀랍게도 뇌의 활동 혹은 행동은 아주 고요한 상황에서도 언제나 많은 사건이 일어나고 있다. 표면적으로는 독서가 많은 에너지를 요구하지 않는 것처럼 보이지만, 만약 우리가 독서와 관련된 뇌의 활동을 측정한다면 매우 다르게 보일 것이다. 이 책을 읽는 과정에서 당신의 뇌는 대단히 활동적이다. 시각 중추(vision center)는 빛의 패턴에 따라 달리 활동하면서 추출한 정보들을 추가적으로 처리하기 위해 뇌의 다른 부분으로 보낸다. 감각 중추(sensory center)는 책 자체에서 얻어지는 촉각 자극을 따라 활동하며, 운동 중추(motor center)는 당신이 페이지를 넘기면서 독서와 관련된 안구 운동을 수행할 수 있도록 한다. 또한 독서는 의미를 만들어 내는 과정이기 때문에 글자, 단어, 문구 등을 이해하는 과정은 뇌의 여러 다른 고차원적인 영역을 활성화시킨다.

생각해 볼 주제

☑ 상담과정의 일부는 내담자의 '학습'에 기초하는 것이 분명하다. 다양하게 정의될 수 있지만 학습은 새로운 기술을 발달시키고, 자신의 행동, 태도, 사고 그리고/혹은 (자신과 타인이 이 세상에서 존재하는 방법을 포함하여) 자신과 타인에 대한 자각을 향상시키는 것으로 이해할 수 있다. 여기서 잠시 생각해 보자. 당신은 행동하고 반응하고 이해하는 방법을 어떻게 학습하는가? 그리고 다른 방식으로 행동하는 방법은 어떻게 학습하는가?

책을 읽는 행위 정도도 뇌가 수행하는 정말로 복잡한 일련의 행동이라면, 상담회기 중에는 뇌에서 어떤 일들이 일어나고 있을지 상상해 보라!

상담과정과 관련된 다양한 구조에 대해 논의하기 전에 먼저 뇌의 구조를 이해하기 위해 접근하는 방식을 소개하고자 한다.

뇌에 대해서 논의할 때, 우리는 가장 기본적인 수준에서 신경세포와 교세포처럼 뇌를 구성하는 세포의 측면과 정보가 신경세포를 가로질러 이동하여 이웃들과 '소통'하는 방식의 측면에서 논의할 수 있다. 그러면서 신경세포에는 여러 종류가 있으며, 각 신경세포는 뇌 속에서 정보를 받아 통합하고 전달하는 데 필수적인 역할을 하는 구체적인 부분들로 구성되어 있다고 설명할 수 있다. 전문상담사들에게 뇌에서 발생하는 과정을 이러한 방식으로 설명하는 관점은 상담에서 체계적 접근법(systems approach)으로 알려진 관점과 유사하게 느껴질 수 있다. 사고에 관한 체계적 접근, 즉 전체 체계를 다양한 관점, 다양한 수준 그리고 기본 수준에서의 상호 교류의 차원에서 이해하는 접근처럼 우리는 뇌에 대해서도 비슷한 방식으로 이해할 수 있다(Racheotes, 사적인 대화, 2013). 이보다 조금 더 거시적인 방식으로 두뇌를 이해하려면 뇌는 두 개의 구별되는 반구(hemispheres)를 가지고 있으며, 각 반구는 네 개의 엽(lobe)으로 구분된다. 가장 전반적인 수준에서는 단순히 뇌가 척수(spinal cord)를 따라 내려가면서 어떤 식으로 중추 신경계를 구성하는지에 대해 설명할 수 있다. 뇌를 미시적으로 접근하느냐 또는 거시적으로 접근하느냐의 결정은 저자마다 가지고 있는 특정한 의도에 좌우된다. 이 책에서 우리는 당신이 뇌를 신경세포라는 세부적 수준뿐만 아니라 중추 신경계라는 전반적 수준에서도 이해하는 것이 중요하다고 생각한다. Linden(2006)이 제안했듯이, 다양한 정신건강 상태와 관련을 지으면서 뇌를 수준별로 깊이 있게 이해하는 것은 전문상담사가 상담을 하는 과정에서 임상적으로 좀 더 적절한 접근방법을 선택하게 하는 데 도움이 되기 때문이다. 뇌에 대한 좀 더 자세한 설명에 관심이 있는 독자들은 학부생용 신경생물학 혹은 생리심리학 교재를 읽어 볼 것을 추천한다.

신경계: 거시적 접근

인간의 신경계는 중추 신경계(Central Nervous System: CNS)와 말초 신경계(Peripheral Nervous System: PNS)로 구분된다. 중추 신경계는 뇌와 척수로 구성되며([그림 2-1] 참조) 말초 신경계는 중추 신경계 밖으로 나와 있는 모든 것으로 구성된다(Kandel, 2000). 이 책은 중추 신경계가 상담과정에 어떻게 영향을 미치고 영향을 받는지에 초점을 두고 있다.

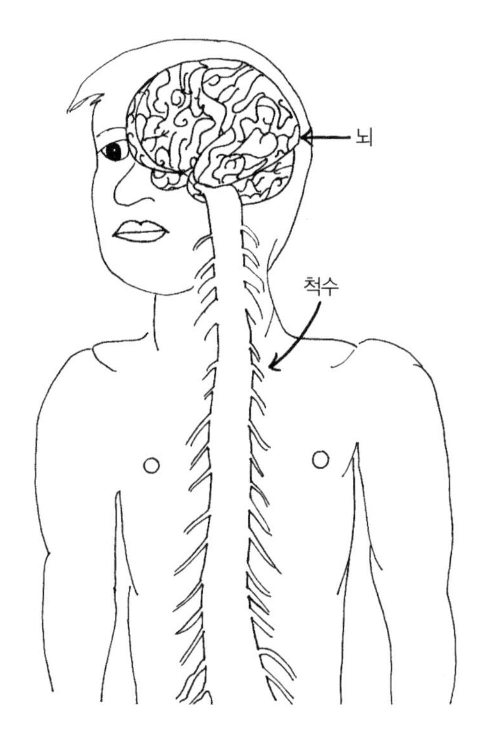

[그림 2-1] 중추 신경계

뇌

만약 당신이 당신의 뇌를 꺼내서 관찰할 수 있다면 뇌가 두 개의 부분 혹은 반구로 나뉘어 있다는 것을 가장 먼저 볼 수 있을 것이다([그림 2-2] 참조). 자주 '좌뇌'로 불리는 좌측 반구는 쓰기, 언어, 수학 및 논리와 같은 기술에 더 많이 관여하는 경향이 있다(Iaccino, 1993). 이 책의 후반부에서는 전문상담사가 상담 회기 내에서 좌반구에 대한 지나친 의존을 어떻게 촉진시키거나 억제할 수 있는지를 다룰 것이다.

좌반구의 선형적인 사고방식과 대조적으로, 우반구('우뇌')의 사고는 보다 전체적(holistic)이며 창의력, 상상력 및 음악과 같은 작업에 관여한다(Iaccino, 1993). 전문상담사들은 이 반구를 관여시킬 활동을 언제 어떻게 도입할지 아는 것이 상담과정에서 큰 도움이 된다는 사실을 바로 이해할 수 있을 것이다.

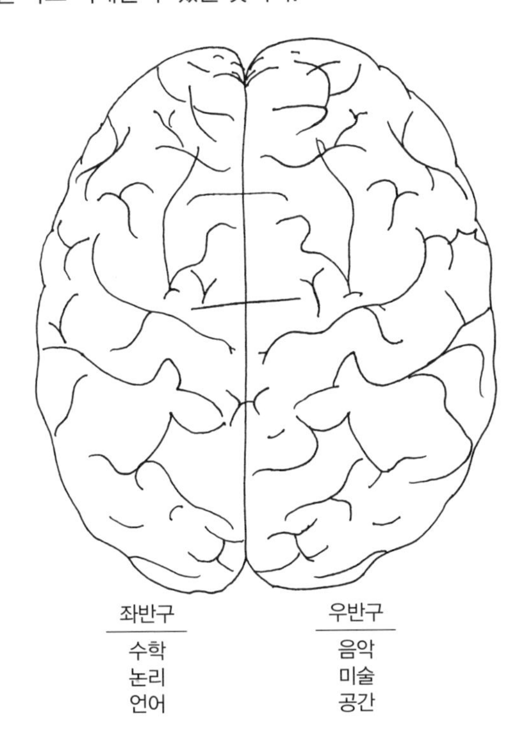

[그림 2-2] 뇌의 좌반구와 우반구

뇌에는 두 개의 구별되는 반구가 있다. 대부분의 행동에는 양쪽 뇌가 모두 관여하지만, 좌반구는 대개 분석적이며 우반구는 대개 창의적이다.

전문상담사에게 이러한 정보는 직관적일 수도 있다. 하지만 전문상담사는 내담자가 그들만의 방식으로 생각하고, 그들이 겪는 여러 문제에 대해서도 자신의 방식으로 생각한다는 점을 아는 것이 중요하다. 다음과 같은 경우를 한번 생각해 보자. 전문상담사는 뇌 반구에 대한 기본적인 지식만을 가지고 내담자의 사고하는 과정에서의 강점을 어떻게 보다 잘 활용할 수 있을까?

생각해 볼 주제

☑ 당신 자신의 사고방식을 고려할 때, 당신의 직업적인 역할을 수행하면서 주로 의존하고 있는 반구는 어느 쪽인가?

☑ 그렇게 된 이유는 뭐라고 생각하는가?

☑ 당신은 어떤 활동을 하면서 좌반구나 우반구를 각각 관여시키고 있는가?

내담자는 진로상담을 위해 상담실을 찾아온 32세의 남자이다. 그는 최근 경기불황으로 인해 엔지니어로 다니던 직장을 잃은 상태였으며(그가 일하던 회사가 문을 닫았음) 진로 탐색을 하면서 '다른' 진로 방향 또한 모색해 보고 싶어 한다. 그는 엔지니어로서의 경력을 계속 유지하기보다 관리직으로 옮기는 것을 고려하고 있다. 엔지니어에게 요구되는 기술들(수학, 논리 등)을 고려해 볼 때 내담자는 좌뇌가 월등히 발달되었을 것으로 추측된다.

전문상담사 1: 그가 처음 만난 전문상담사는 진로 문제를 가지고 오는 내담자들을 인생지도 그리기(life-mapping) 기법을 활용하여 성공적으로 상담한 경력을 갖고 있었다. 그녀는 주로 회기 중 다채로운 이미지와 창의적인 그림 및 가능한 한 다양한 색채 변화를 활용하여 내담자가 자신의 삶(특히 진로)을 시각적으로 표현하도록 한다. 그러나 이 내담자는 이러한 방식으로 자신과 인생을 '표현'하는 것을 어려워한다. 어디서 잘못되었을까?

전문상담사 2: 앞서 언급한 이유로 내담자는 첫 번째 전문상담사에게 다시 가지 않고, 다른 상담사와 만나기로 한다. 첫 상담 경험이 자신이 이 세상에 존재하는 방식과 맞지 않았으므로 이번에는 조금 더 신중한 태도로 상담실에 도착한다. 그는 친구들에게 자신의 첫 상담 경험을 "우스꽝스러웠다." "쓸모없었다."라고 묘사하였다. 두 번째 상담사는 내담자에 대해 알아 가기 위해 시간을 들인 후 종이 한 장을 꺼낸다. (종이를 보고 내담자는 거부 반응을 느낀다.) 그런 다음 그녀는 그에게 자신의 구직과정과 진로 결정과정을 보여 주는 의사결정 나무(decision tree)를 '설계'해 보라고 한다. 이에 내담자는 자신의 이전 직업들과 미래 포부에 대한 엔지니어다운 청사진을 그리기 시작한다.

여기서 좌우 반구의 차원에서 고려할 때 우리는 비슷한 상담 기법이 실제로는 중대한 차이를 보일 수 있다는 점을 발견할 수 있다. 이것이 바로 뇌의 본질이다. 그리고 이것이 바로 전문상담사인 우리가 내담자가 자신의 특정 두뇌를 통해 어떻게 정보를 처리, 회수 및 활용하는지를 인식해야 하는 중요한 이유이기도 하다. 당신의 의도와 상관없이 당신이 내담자와 작업하는 방식이 내담자가 쉽게, 기꺼이, 습관적으로 사용하는 뇌의 영역들에 의해 도움을 받거나 크게 제한받을 수 있다는 점을 기억하길 바란다. 앞서 제시한 사례의 경우, 뇌의 주요 반구들이 상담 성과에 큰 영향을 미쳤다.

생각해 볼 주제

☑ 당신이 전문상담사로서 하고 있는 활동들을 생각해 볼 때 당신이 활용한 접근 방식이 내담자에게 사실상 적합하지 않았다는 것을 깨달았던 혹은 지금 깨닫고 있는 사례가 있는가?

☑ 이제 뇌에 대해 조금 더 알게 된 상태에서 뇌 반구들에 대한 새로운 지식을 토대로 당신은 예전 사례를 어떻게 달리 진행해 볼 수 있을까?

반구 간 소통

어떤 사람이 우뇌 혹은 좌뇌가 더 발달되었다고 해서 그 발달된 반구만을 사용하는 것은 아니지만, 질병이나 심각한 사고(예: 심한 간질, 외상성 뇌손상, 뇌졸중 등)로 인해 실제로 한쪽 반구만 작동/기능하는 사람들도 있다. 하지만 당신이 신경심리학자이거나 신경심리학자와 일하는 경우가 아니라면, 당신이 만나는 대부분의 내담자는 양쪽 반구가 모두 잘 작동할 것이며 매일같이 각 반구를 사용할 것이다. '우뇌형 인간' 혹은 '좌뇌형 인간'이란 단지 어떤 사람의 한쪽 반구의 성향이 다른 쪽 반구의 성향보다 조금 더 우세하다는 정도의 의미이다. 대부분의 사람이 두 반구 모두 작동하는 뇌를 가지고 있지만, 과연 한쪽 반구가 다른 쪽 반구가 하는 일을 알고 있을까라는 질문을 할 수 있다. 정답은 '그렇다'이다. 우뇌와 좌뇌 사이에 존재하는 이원성(duality)에도 불구하고, 각각은 뇌량(corpus callosum)이라고 불리는 섬유 집합체를 통해 서로 원활하게 소통한다([그림 2-3] 참조). 뇌량을 구성하는 섬유는 신경세포의 축삭(axons)들이다. 우리는 추후에 신경세포의 구성 요소를 다루면서 축삭이 무엇인지에 대해 논의할 것이다. 지금 이해해야 할 중요한 부분은 비록 뉴런의 몸은 한쪽 반구에 상주할 수 있지만 다른 쪽 반구에 축삭을 보내어 반구 간 소통을 가능하게 한다는 것이다.

여기서 고려해야 할 중요한 요소는 이 연결 구조의 건강 상태와 크기이다. 인간은 약 2억 개로 추정되는 축삭으로 구성된 뇌량을 가지고 태어난다. 이 구조는 약 12세까지 발달상의 변화를 보인다(Luders, Thompson, & Toda, 2010). 이 발달 기간 동안 뇌량은 다른 뇌 구조와 마찬가지로 부정적인 경험에 유난히 취약하다. 고속도로에서 한 건의 교통사고로 차가 막힐 수 있는 것처럼, 뇌량 또한 하나의 외상 사건으로 인해 반구 사이에서 정보 전달을 하는 데에 '덜 효과적'이 될 수 있다. 마찬가지로 뇌의 차선 또는 축삭의 크기나 수가 감소하게 되어도 뇌 내의 소통 기능에 부정적인 영향을 주어 어느 정도의 행동장애를 초래할 수 있다. 신경과학자들은 두뇌가 어떤 목적에 기여하는 세포들만 유지시키는 현상을 두

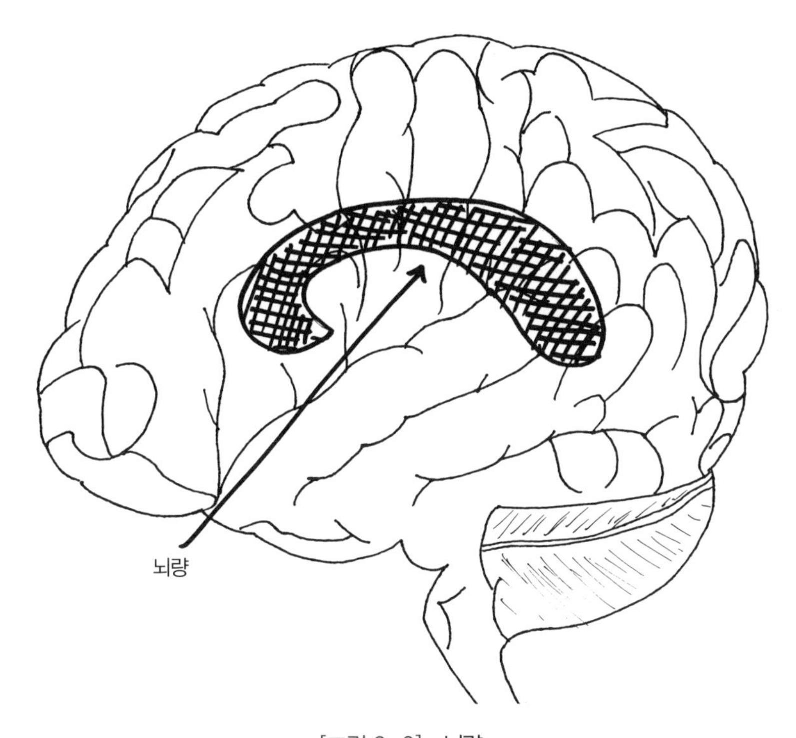

[그림 2-3] 뇌량
두 대뇌 반구는 뇌량이라고 불리는 섬유 다발로 연결되어 있다.

고 '이용되거나 버려지거나(use it or lose it)'라는 격언을 종종 사용한다. 즉, 사용되지 않는 신경세포는 곧 소멸된다. 이러한 현상은 정상적인 사람에게는 뇌가 효과적이고 효율적으로 기능할 수 있도록 돕기 때문에 부정적인 것은 아니다.

그렇지만 사용되어야 하는 세포들이 사용되지 않을 때 이 과정이 잘못 틀어질 수도 있다. 아동 학대의 경우 이런 일이 발생한다. 새롭게 드러나는 증거들은 심각한 방치 경험으로 고통받은 아동들이 현저히 작은 뇌량을 가지고 있음을 보여주고 있는데, 이는 아마도 몇몇 세포가 충분히 활용되지 않아 제거되었기 때문으로 추정된다(Teicher et al., 2004). 관련 연구들에서 특정 아동들에게 측정된 장기적인 영향에 대해서는 아직 알려지지 않았지만, 일화적인 증거에 따르면 방치된 경험이 있는 아이들이 방치 경험이 없는 아이들보다 행동 및 심리적 문제들을 보일 가능성이 더 높다.

유아기의 경험은 외상후 스트레스장애(post-traumatic stress disorder: PTSD)를 가지고 있는 아동(Jackowski et al., 2009; Villarreal et al., 2004; De Bellis et al., 1999) 및 자폐 스펙트럼 장애(autism spectrum disorder: ASD)를 가지고 있는 아동(Frazier et al., 2012; Frazier, Barnea-Goraly, & Hardan, 2010; Piven et al., 1997)에게서 관찰되는 뇌량의 감소에도 영향을 끼치는 것으로 보인다. 설치류 연구에서는 뇌량의 위축이 자폐 스펙트럼 장애의 특징(American Psychiatric Association, 2000)인 사회화의 위축과 관련이 있다고 주장하였다(Fairless et al., 2008).

뇌량이 두 반구 사이의 교량 역할을 한다면, 그 교량의 크기는 당연히 주어진 시간에 얼마나 많은 정보가 오고 갈 수 있는지와 관련이 있을 것이다. 6차선 고속도로가 1차선 도로로 병합되어야 한다면 병목 구간이 생길 수밖에 없다. 이러한 현상이 인간의 뇌에서 발생하면 사람의 생각, 감정, 의미들에 혼선을 일으키면서 행동기능장애, 학습 문제, 기억장애 및 의사소통 문제를 초래할 수 있다.

엽

뇌가 두 개의 반구로 구성된다는 것 외에 뇌가 지닌 또 다른 명백한 물리적 특징은 울퉁불퉁한 외관이다. 뇌가 이러한 외관으로 발달한 이유는 인간이 진화하면서 두개골 내에 있는 뇌의 총량을 늘리기 위해서인 것으로 이해되고 있다(Armstrong, Zilles, & Schleicher, 1993). 뇌는 자체적으로 접힘으로써 비교적 크기가 일정한 두개골 내에서 자신의 질량을 증가시키는 방법을 고안해 낸 것이다. 도드라진 부위를 전문용어로 이랑(gyrus)[1]이라고 하고, 이랑과 이랑 사이에 있는 홈을 고랑(sulcus)이라고 한다. 매우 깊은 홈을 지칭하는 틈새(fissure)는 뇌의 특정 영역의 경계를 명료하게 보여 주는 자연적인 표지가 된다. 이러한 특정 틈새들을 사용하여 각 반구는 네 개의 엽(lobes)으로 구분된다([그림 2-4] 참조).

1) 역자 주: 영어로 gyrus, sulcus의 복수형은 각각 gyri, sulci인데 매우 빈번하게 사용된다.

뇌의 뒤쪽에 위치해 있는 후두엽(occipital lobe)[2)]은 시각 정보의 처리를 담당하고, 사람이 꿈을 꿀 때 매우 활성화된다. 이는 실제로 보든 상상으로 보든 우리가 보는 행위는 후두엽에 자리 잡고 있는 시각 피질(visual cortex)에 부분적으로 의존하기 때문이다. 측두엽(temporal lobe)[3)]은 뇌의 양쪽 귀 가까이에 위치해 있다. 측두엽은 청각, 기억, 정서 등 다양한 기능을 가지고 있다. 전두엽(frontal lobe)은 뇌의 전방에 위치하고 있으며 추리와 논리 같은 고급 인지 기능에 관여한다. 전두엽 바로 뒤에는 두정엽(parietal lobe)이 있는데, 이것은 자극을 감지하고 그에 반응하는 능력에 관여한다. 대뇌 반구 아래에는 '작은 뇌', 즉 소뇌가 있다. 소뇌는 전통적으로 운동의 협응적 기능에 필수적이라고 알려져 있지만(Katz & Steinmetz, 2002), 최근 연구에 따르면 자폐증에도 관여하고 있을 가능성이 있다(Allen, 2005; Fatemi et al., 2012).

※ 참고: 비록 각 엽은 몇 가지 주요 목적(예: 측두엽=발화 행위)을 가지고 있지만, 뇌가 작동하는 기관으로서 갖추고 있는 고유한 구조와 구성으로 인해 각 엽은 다른 엽들과 함께 작용하며, 각자의 주요 과제들을 수행한다. 이러한 과정을 이해할 때, 우리는 한 개인을 다른 사람들과 별개로 작용하는 독특한 부분이 아닌 전체 또는 게슈탈트(gestalt)로 이해하는 것에 비유할 수 있다. 전문상담사들은 내담자의 정동(affect)과 사고가 서로 어떻게 영향을 주고받는지를 알고 있는데, 후두엽과 측두엽 역시 이와 유사한 방식으로 세상의 물체들을 보고 의미를 만들어 내는 데 필요한 자료를 서로 교환한다. 엽들이 서로 상호작용하거나 정보를 교환하지 못한다면 마치 대상을 볼 수는 있지만 반응(정서적 · 신체적 · 인지적 등)이 없는 것과 같을 것이다. 우리의 뇌는 그런 식으로 작동되게끔 연결되어 있지 않다.

---

2) 역자 주: occi는 영어로 배설물이라는 의미도 갖고 있다는 점을 알면 기억에 도움이 될 것이다.
3) 역자 주: temporal은 영어로 관자놀이라는 의미도 갖고 있다.

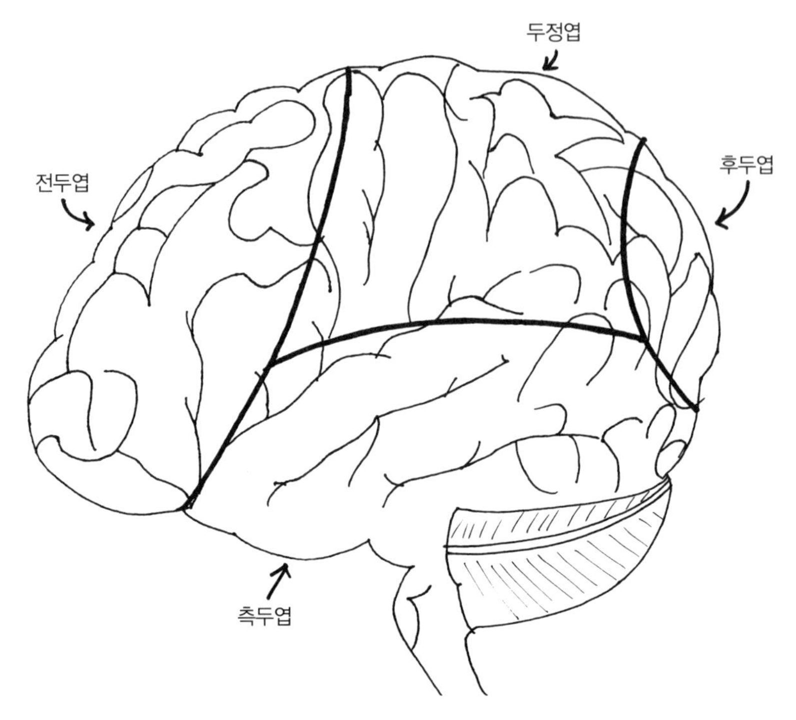

[그림 2-4] 뇌의 4개 엽

뇌는 크게 4개의 엽으로 나뉘어 있다. 틈새들은 각 엽의 위치를 구분하는 자연적인 표지 역할을 한다.

〈표 2-1〉 뇌의 여러 엽

엽	주요 활동(이 외 여러 다른 활동도 포함됨)
후두엽	시각적 처리 꿈
측두엽	언어 능력 음성 인식 기억 감정
전두엽	추론 논리
두정엽	감각운동

생각해 볼 주제

☑ 당신이 내담자의 문제를 이해하고 내담자가 그 문제를 대처/극복/해결하도록 도울 때 사용하는 주요 이론적 접근을 생각해 보면, 당신은 주로 어떤 엽(들)을 표적으로 삼고 있는가?

☑ 서로 다른 엽들에 관한 새로운 이해와 그 엽들이 뇌 기능 전반에 영향을 끼친다는 것이 당신의 상담과정에 어떤 시사점을 제공하는가?

인간의 뇌를 깊이 탐구하기에 앞서 우리가 반드시 기억해야 할 중요한 두 가지 사실이 있다. 첫째, 우리가 뇌에 대해 알고 있는 모든 것은 여전히 상당한 정도로 추론에 기초한 것이다. 기술의 진보로 인해 우리는 뇌에 관한 새로운 사실들을 발견할 수 있었지만, 아직 알지 못하거나 끝까지 모를 수도 있는 정보들이 다분히 많다. 둘째, 심각한 뇌 손상이나 질병이 발생하지 않는 한 우리가 논의하고 있는 뇌의 여러 부분(반구, 엽)은 실제로 서로 소통한다. 즉, 책에서는 분리하여 따로 각 부분에 대해 논의할 수 있지만, 사실 각 부분은 개인의 삶 전반에 걸쳐 서로에게 영향을 미치며 조화롭게 작용한다. 예를 들어, 한 인간이 걸을 수 있으려면 적어도 뇌의 관점에서 볼 때 그의 후두엽, 소뇌 그리고 두정엽은 서로 조화를 이루며 작동해야 한다.

좌우 반구의 상대적 의존도가 상담 방식이 표현되는 과정이나 그 방식의 영향과 관련 있는 것처럼, 내담자가 어느 부위의 엽에 몰입하고 있는지 여부도 전문상담사의 상담 방식이나 그것의 영향과 관련이 있다. 당신도 아마 여느 전문상담사처럼 감정에 빠져 자신이 당면한 문제에 대해 논리적으로 혹은 합리적으로 생각할 수 없는 내담자를 만난 적이 있을 것이다. 이러한 내담자는 당신에게 과거 이야기를 늘어놓으며 자신이 왜 그렇게까지 감정적인지 이해시키는 일에 집착할 수 있다. 그런 경우, 어떤 엽이 가장 활성화되어 있을까? 신경학적 상담 관점에서 볼 때, 그것은 아마도 측두엽일 것이다. 또 반대로, 많은 전문상담사는 감정은 드러내지 않고 논리적인 관점에서만 자신의 문제를 바라보는 내담자들을 만난 경험이 있을 것이다. 당신도 그러한가? 이러한 내담자들은 전두엽이 더 활성화되어 있을 개연성이 높다. 반구가 개인의 사고방식과 세상에 반응하는 방식에 관여하는 것처럼, 각 엽 또한 상담과정에서 내담자가 자극, 기억, 감정, 추론 등에 접촉하는 방식에 강력하게 영향을 미친다.

이제 뇌의 엽과 구체적인 상담 접근법/기법을 좀 더 잘 연결시켜 보자. 앞의 〈표 2-1〉을 기초로 하되, 이제는 거기에 다양한 상담학적 관점을 가진 여러 전문상담사가 사용하고 있는 기본적인 접근법들을 포함시키려고 한다. 현재 많은 전문상담사가 다양하고 수많은 접근과 기술을 적용하고 있고 또 앞으로도 더 많은 접근과 기법을 활용할 수 있기를 바란다. 그러나 뇌에 대한 구조적 및 화학적 요소들을 포함하여 전문상담사가 보다 체계적이고 구체적인 관점으로 상담하려고 할 때 필요한 것들에 관한 논의를 하려는 이 시점에서, 더 깊은 논의를 시작하기 전에 우선 맛보기 정도에 해당하는 내용을 먼저 제시하려고 한다.

만약 전문상담사가 Adler의 관점(개인심리학)을 사용한다면, 그는 아마도 내담자에게 몇 가지 초기 기억(early recollections: ERs)에 대해 질문할 것이다. 초기 기억을 찾기 위해 상담사는 주로 내담자에게 8세 이전의 기억을 되살려 그때 경험한 어떤 사건을 마음속으로 떠올려 보라고 요청한다. 흥미롭게도, 한 세기가 넘게 전문상담사는 이러한 투사적 기법을 활용하여 내담자를 더 잘 이해하려고 했다. 신경학적 상담의 관점에서 보면, 이때 내담자는 대체로 측두엽에 접근할 개연성이 매우 크다.

우리가 잘 알고 있듯이, 정신분석학적 관점에서 내담자의 내부 갈등을 이해하고 해소하는 주요 방법 중 하나는 내담자로 하여금 꿈을 떠올리거나 기억하게 하는 것이다. 이때 상담사는 내담자에게 후두엽에 접근할 것을 요청하게 된다. 내담자의 전두엽을 활성화시키기 위해서는 인지적 또는 인지행동적 기법이나 접근이 매우 적합할 것으로 보인다. 예를 들어, 내담자에게 자신의 특정 행동의 결말에 대해 생각해 보게끔 하는 것은 내담자의 전두엽을 직접적으로 사용하는 방법이다.

게슈탈트 접근을 적용하는 상담사의 경우, 내담자에게 '지금-여기'에서 자신의 현재 상태에 접촉하고 직접 경험하게 하는 작업은 내담자로 하여금 자신이 하고 있는 말뿐만 아니라 행동, 감각 등에 주목하고 그러한 자극들을 어떻게 해석하고 있는지에 초점을 두게 한다. 이 접근은 내담자가 자신의 두정엽을 사용하게끔 한다.

개괄적으로 말하자면, 각 상담 접근 또는 기법은 특정 엽의 발화 또는 휴면 상태와 연결하여 이해할 수 있다. 이러한 정보는 전문상담사가 내담자의 신경생물학적 기질 때문에 발생하는, 각 엽에 대한 상대적 '의존도'를 존중하게 하기 때문에 유용하다. 또한 위기 상황에서 이러한 이해는 특히 중요해질 수 있는데, 그 이유는 일부 내담자의 경우 특정 엽만을 사용할 수밖에 없는 상태가 되기 때문이다. 예컨대, 어떤 내담자는 큰 상실감을 경험한 후 일상으로 돌아가는 데에 큰 어려움을 겪을 수도 있다. 압도적인 슬픔은 Worden(2002)이 묘사한 것처럼 복잡한(complicated) 경험이 될 수 있다. 압도적인 슬픔이 복잡하게 되어버린 경우, 상실에 대한 압도적인 정서적 반응 때문에 (의미를 만들어 내는 부위인) 전두엽에 대한 접근이 제한될 수 있다. 〈표 2-2〉에는 각 엽의 활동을 증진시킬 수 있는 몇몇 상담 접근/기법을 추가하였다. 이와 관련해서는 4장에서 보다 자세히 다룰 것이다.

〈표 2-2〉 두뇌의 엽과 상담 접근법

엽	주요 활동 (이 외 다양한 활동이 있음)	상담 접근/기법의 예
후두엽	시각적 처리/꿈	꿈 분석, 심상 기법
측두엽	언어 능력/음성 인식/ 기억/감정	초기 기억, 공감, 감정 반영, 회상 활동
전두엽	추론/논리	의미 반영, 인지 및 인지행동치료 접근
두정엽	감각운동	지금-여기 활동, 포커싱 활동, 명상, 이완 활동

신경해부학

지금까지 뇌를 거시적 수준에서 상당히 개괄적으로 논의하였다. 반구와 엽은 중추 신경계(CNS)에 속하는 뇌[4]의 중요한 부분이지만, 가장 기본적인 수준에서 뇌는 세포들로 이루어져 있다. 뇌에는 여러 종류의 세포가 있지만, 기본 세포는 신경세포(neuron)이다. 인간의 뇌는 약 850~1,200억 개의 신경세포로 구성되어 있는 것으로 추정되는데, 대부분의 신경과학자는 약 1,000억 개라는 숫자를 가장 많이 인용한다(Herculano-Houzel, 2009). 신경세포는 뇌 내에서뿐만 아니라 뇌와 몸 사이에서의 의사소통을 가능하게 한다. 신경세포의 종류는 다양하지만 그것들은 모두 공통적으로 수상돌기(dendrites), 세포체(cell body) 그리고 축삭(axon)을 가지고 있다. 수상돌기는 수백 개의 인접한 세포로부터 정보를 수신하여 세포체로 전달한다. 세포체에서 그 정보들은 하나의 메시지로 통합되는데, 그 메시지는 다시 축삭을 통해 다른 세포들로 보내진다(Kandel, 2000, [그림 2-5] 참조). 지방질로 구성된 수초(myelin sheath)는 대부분의 축삭을 감싸고 있으며, 정보 전달과 의사소통의 속도를 향상시킨다. 이는 신경 정보 교환(neural communication)에 있어 매우 중요한 요소이며, 다발성 경화증(multiple sclerosis)을 생각해 보면 그 중요성을 이해하는 데 도움이 된다. 다발성 경화증은 신체가 수초를 공격하는 질병으로, 이를 가지고 있는 사람들은 뇌가 신체의 근육들과 효과적으로 소통할 수 없기 때문에 운동 능력이 저하된다(Kandel, 2000).

신경세포 사이의 소통은 전기화학적(electrochemical) 사건으로 불리는데, 그 이유는 동일한 신경세포 내에서는 정보가 전기적인 방식으로 이동되지만, 하나의 신경세포와 다른 신경세포 사이에서는 화학적 메시지로 전달되기 때문이다. 신경세포들이 서로 통신하기 위해 사용하는 화학물질을 신경전달물질(neurotransmitters)이라고 한다(Kolb & Whishaw, 2010).

---

4) 역자 주: 신경계는 중추 신경계(CNS)와 말초 신경계(PNS)로 구분되며, 그중 중추 신경계는 뇌(brain)와 척수(spinal cord)로 구성된다.

신경전달물질은 신경세포에서 제조되고 축삭에서 방출되어 인접한 세포의 수상돌기에 있는 특화된 세포 내 수용 영역에 결합하는 화학물질이다. 신경전달물질은 본질적으로 흥분성(excitatory)이거나 억제성(inhibitory)일 수 있다. 흥분성 신경전달물질은 자신이 결합하는 세포가 흥분되도록(전기로 더욱 충전되도록) 만든다. 반대로 억제성 신경전달물질은 자신이 결합하는 세포가 억제되도록(전기로 덜 충전되도록) 한다. 즉, 방출된 신경전달물질은 그 종류에 따라(즉, 그것이 유발하는 전기적 전하에 따라) 인접한 세포 간의 신경 정보 교환을 지속시키거나 중단시킨다(Kolb & Whishaw, 2010).

원치 않거나 걱정할 만한 행동 패턴을 보이고 있는 내담자를 상담하는 과정을 고려할 때, 우리는 결국 내담자가 보다 유용한 새로운 신경 경로를 개발하도

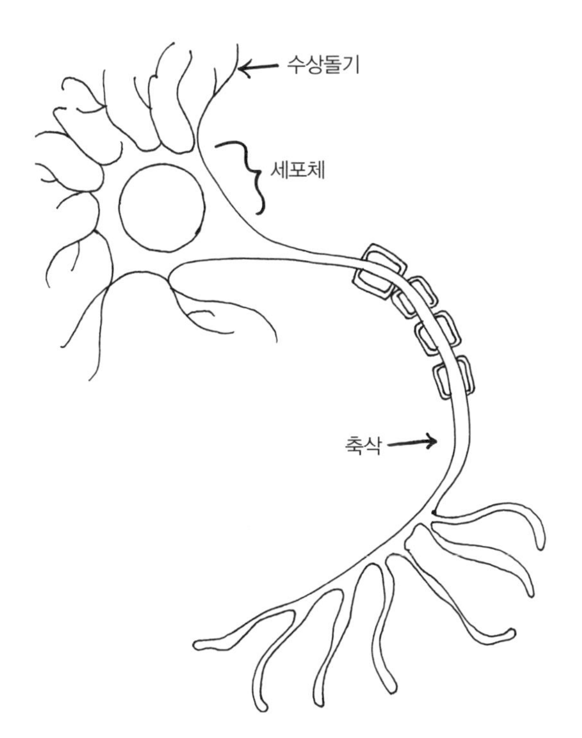

[그림 2-5] **신경세포**

인간의 신경세포는 수상돌기, 세포체 및 축삭을 가지고 있다.
수초는 축삭을 감싸고 있으며 정보 교환의 속도를 높여 준다.

록 돕기 위해 노력하고 있음을 인식해야 한다. 이 과정에서 우리는 내담자가 신경전달물질 수준에서 기존의 뇌 경로를 재설계하도록 돕기 위해 노력한다. 최근 연구들은 그러한 변화를 가장 효과적으로 일으킬 수 있는 방법과 화학적 변화, 환경적 요인들 그리고 삶의 경험에서 얻은 의미에 따라 지속적으로 두뇌를 재설계하는 능력을 탐구하고 있다. 신경 발생(neurogenesis) 및 신경 가소성(neuroplasticity) 연구들이 이러한 종류의 연구에 속한다.

몸 안에서 만들어지는 내인성 신경전달물질(endogenous neurotransmitter)을 모방하는 약물 중에는 자연(natural) 형태인 것도 있고 합성(synthetic) 형태인 것도 있다. 알코올은 신경 정보 교환에 영향을 미치는 외인성 약물(exogenous drug)의 좋은 예이다. 약물 및 알코올 상담 분야의 수많은 연구자는 내담자가 이러한 약물들을 사용하여 자신의 뇌 기능과 화학작용을 바꿈으로써 과거의 외상 및 해결되지 않은 문제의 심리적 아픔에 대처하고자 한다고 보고하고 있다(Brooks & McHenry, 2009). 물론 신경생물학적 수준에서 볼 때 마약과 알코올은 뇌를 변화시켜 내담자의 관점, 생각 그리고 자신/세상/이전 경험에 대한 신념 등을 바꾸는 데에 도움이 되기 때문에 의미가 있다. 하지만 이러한 방법은 본질적으로 뇌에 긍정적 변화를 가져올 수 없다. 예를 들어, 알코올은 호흡 및 기타 영양 기능에 필요한 뇌 구조에 영향을 주는 억제성 약물(inhibitory drug)이다(Brooks & McHenry, 2009). 따라서 과도한 양의 알코올을 섭취하면 이러한 뇌 영역 내에서 이루어지는 신경 정보 교환이 중단될 수 있으며 사망으로 이어질 수 있다.

그러나 이 예시에서 한 가지 유념할 것은 억제성 신호(inhibitory signals)가 반드시 나쁜 것은 아니라는 점이다. 뇌가 최적으로 기능하기 위해서는 흥분성 신호와 억제성 신호 모두 존재해야 한다. 예컨대, 발작은 종종 뇌의 흥분성 신호가 과할 때 발생한다. 균형을 이루어 주는 억제성 신호가 없을 경우, 발작은 일상적인 현상이 되는 것이다. 실제로 간질(epilepsy)을 조절하는 약물은 흥분성 신호에 의해 지나치게 자극되어 있는 뇌의 부분을 억제하도록 조제되어 있다. 또한 발작 환자와 관련된 새로운 연구들을 살펴보면 이들 중에는 내담자의 금식

(fasting)에 대한 연구도 포함되어 있는데, 이 연구들에 의하면 금식은 흥분성 신호를 일으켜 발작을 유발하는 화학물질의 공급을 중단시키며, 이러한 조치는 뇌가 화학물질을 섭취하지 못하게끔 '굶기는' 것으로 간주된다.

이어지는 장들에서는 뇌의 기본적인 측면들이 상담과정과 내담자의 건강(wellness)에 어떻게 관련되며, 어떤 영향을 끼치는지에 관해 논의할 것이다. 지금까지 뇌의 구조와 구성에 관한 기초적인 지식을 제시했다. 이러한 기초적인 지식을 가지고 있으면 뇌의 주요 개념과 관련된 언어를 구사하는 데 도움이 될 것이다.

이 장을 마치며 우리는 지금까지 제시된 지식에 대한 일종의 지침을 제공하고자 한다. 필요할 때마다 이 지침을 참고하면서 다음에 나오는 장들을 읽으면 도움이 될 것이다.

〈표 2-3〉 신경학적 상담 용어 지침

Neurons	신경세포	뇌 속에서 정보를 받고 전달하며 통합하는 기본 세포 단위
Glia	교세포	중추 신경계 내에 있지만 신경세포에 해당하지 않는 지지세포
Central Nervous System	중추 신경계	뇌와 척수를 포함하는 일부 신경계
Peripheral Nervous System	말초 신경계	뇌와 척수 이외의 일부 신경계(예: 손에 있는 신경)
Left Hemisphere	좌반구(좌뇌)	글쓰기, 언어, 수학, 논리를 담당하는 뇌 영역
Right Hemisphere	우반구(우뇌)	창의성, 상상력, 음악을 담당하는 뇌 영역
Corpus Callosum	뇌량	다발로서 한쪽 반구로부터 다른 쪽 반구로 연결되어 반구 간의 정보 교류를 가능하게 하는 축삭 다발
Axon	축삭(착삭돌기)	신경세포의 여러 부위 중에서 신경세포의 신호가 시작되어 다른 세포로 전달하는 부위
Gyrus	이랑	두개골 내에 뇌의 크기가 커지게끔 올라온 부분
Sulci	고랑	이랑들 사이에 주름처럼 들어간 부분
Fissure	틈새	이랑들 사이에 크게 형성된 주름으로 반구와 엽들을 경계 짓고 구분하는 부분

Occipital Lobe	후두엽	시각이나 꿈과 관련된 뇌 부위
Temporal Lobe	측두엽	언어, 기억, 정서와 관련된 뇌 부위
Frontal Lobe	전두엽	추론, 논리와 관련된 뇌 부위
Parietal Lobe	두정엽	감각 자극과 관련된 정보를 처리하고 운동 행위를 촉발하는 부위
Cerebellum	소뇌	운동 협응과 관련된 뇌 부위
Myelin Sheath	수초	축삭을 감싸고 있는 세포의 지방질 층. 신호 전달 속도를 높임
Dendrite	수상돌기	이웃에 있는 신경세포로부터 정보를 받아들이는 신경세포 부위
Cell Body	세포체	신경세포로 들어오는 신호를 통합하는 부위
Neurotransmitters	신경전달물질	정보를 전달하기 위해 신경세포 내에서 생산되는 화학물질
Excitatory Neurotransmitters	흥분성 신경전달물질	이웃 신경세포를 흥분시키게끔 전기 전하가 걸린 전달물질
Inhibitory Neurotransmitters	억제성 신경전달물질	이웃 신경세포를 억제하게끔 전기 전하가 걸린 전달물질

복습을 위한 질문

1. 우울감을 호소하는 내담자가 당신의 상담실을 찾아왔다. 당신은 내담자의 문제를 평가하고, 내담자와 상담관계를 형성하며, 내담자가 가진 문제의 심각도 및 성공적인 상담을 위해 동원할 수 있는 자원 그리고 상담의 방향을 이해하기 시작한다. 당신은 내담자가 상대적으로 좌뇌에 의존하고 다른 부위보다 측두엽이 활발하게 활성화되는 성향이 있음을 알게 되었다. 이 정보가 내담자의 호소 문제를 다룰 때 당신이 활용하고자 하는 방법 및 기법의 선택에 어떤 영향을 끼칠 것 같은가?
2. 당신은 우뇌에 갇혀 있는 듯해 보이는 내담자와 만나고 있다. 당신은 전문상담사로서 최선을 다하고 있지만 내담자는 자신이 처한 상황의 정서적인 부분

에만 집중하려고 한다. 당신이 내담자에게 '사고(thinking)' 관점에서 문제를 처리해 보도록 요청하면, 그녀는 혼란스러운 표정으로 당신을 쳐다본다. 당신은 그녀의 이러한 반응을 저항으로 보기보다는 그녀가 당신의 요청을 따르려고 노력하지만 자신도 어쩔 수 없이 이 문제에 관해 뇌에서 사고 및 논리와 관련된 부위에 접근하지 못하고 있는 것으로 감지한다. 이 경우, 그녀의 노력을 방해하는 신경생물학적 요소로 어떤 것들이 있을까?

3. 신경세포와 신경전달물질은 정보를 보내고 받는 과정에서 어떤 역할을 하는가?

제3장 뇌의 발달과 가소성

뇌의 발달

신체적 자극의 지각, 몸을 움직이는 행위, 사회적 상호작용 등은 인간뿐 아니라 인간이 아닌 동물들도 모두 나타내는 행동의 몇 가지 예이다. 인간과 동물은 차이점보다 유사점이 더 많지만, 오로지 인간만이 하는 행동들도 분명 존재한다. 예를 들어, 언어 사용은 인간의 고유한 행동이다. 많은 동물이 서로 의사소통을 하지만 인간처럼 정교한 의사소통 과정을 개발하지는 못했다. 이는 특정 행동을 수행할 수 있는 능력이 우리가 타고난 뇌에 기반을 두고 있기 때문이다. 의학은 장기이식이 실제로 가능할 만큼 발전했다. 오늘날 다른 종 사이의 장기 이식이 매우 드물기는 하지만 한번 상상해 보자. 만약 개코원숭이의 건강한 심장을 이식받은 사람을 만난다고 했을 때, 당신은 과연 그 사실을 알아차릴 수 있을까? 그 사람의 가족은 이식 수술 후 그의 행동이 개코원숭이처럼 바뀌었다고 할까? 아마도 그렇지 않을 것이다. 그러나 만약 그 사람이 개코원숭이의 뇌를 이식받았다면 어떤 일이 발생할까? 이식받은 사실을 알아차릴 수 있을까? 이식 후 그의 행동에 변화가 있을까? 물론이다. 심장은 인간의 것이든, 개코원숭이의 것이든, 인공 심장이든 모두 몸 전체에 혈액을 순환시키는 임무를 똑같이 수행할 수 있지만, 뇌는 모두 동일하지 않다. 달리 말해, 뇌가 인간을 인간으로 만들고 개코원숭이를 개코원숭이로 만든다는 것이다.

나(Angela Sikorski)는 학생들에게 인간의 뇌 발달에 대해 가르칠 때 인간의 뇌가 발달 초기 단계에는 다른 많은 종과 거의 동일하다는 사실을 설명한다. 예컨대, 특정 발달 단계에서 인간의 뇌가 도롱뇽이나 붉은털원숭이의 뇌와 구별될 수 없다는 사실은 진화론의 관점과 일치한다. 또한 성인 인간의 뇌는 도롱뇽이나 붉은털원숭이의 뇌가 가지고 있는 모든 부위 외에 그 이상의 부위를 갖추고 있다는 사실 역시 진화론의 관점과 일치한다. 즉, 개코원숭이의 뇌를 갖게 된 사람은 인간이 할 수 있는 모든 행동을 다 할 수는 없을 것이다. 그는 더 이상 인간이 아니라고 볼 수 있다. 실제로 인간은 살아 있는 모든 종 중 가장 진화된 뇌를 가지고 있으며, 뇌는 아마 인체 전체를 통틀어 가장 놀라운 장기라고 할 수 있을 것이다. 성인 뇌에는 평균적으로 1,000억 개의 신경세포가 있으며, 각 신경세포는 다른 뇌 세포와 1,000~10,000개의 연결을 이룬다. 이 장에서는 출생에서부터 99세의 나이까지의 생애 주기 안에서 인간의 뇌가 어떻게 발달하고 변하는지에 대해 논의할 것이다.

출생부터 청소년기까지

뇌의 발달은 2세가 될 무렵 거의 절반 정도가 이미 이루어지며, 임신 후 처음 몇 달 동안 가장 중요한 성장이 일어난다. 인간 배아는 임신 4주 후 명백한 뇌 영역(전뇌, 중뇌, 후뇌; [그림 3-1] 참조)을 드러내고, 4개월차에는 뚜렷하게 인간 뇌의 모습을 갖춘다.

태아 발달 기간 동안 인간의 신경계는 '안쪽에서 바깥쪽으로(inside-out)' 발달한다. 수정 후 23일 정도 되었을 때 나타나는 신경관은 신경전구세포(neural precursor)들을 포함하며, 이것은 발달된 뇌의 모든 신경세포를 생성한다. 이러한 전구세포들은 강력한 세포 분열을 통해 밖으로 이동하여 뇌 조직의 층들을 형성한다. 이 과정에서 가장 오래된 신경세포는 뇌의 내부 영역에 자리 잡고 가

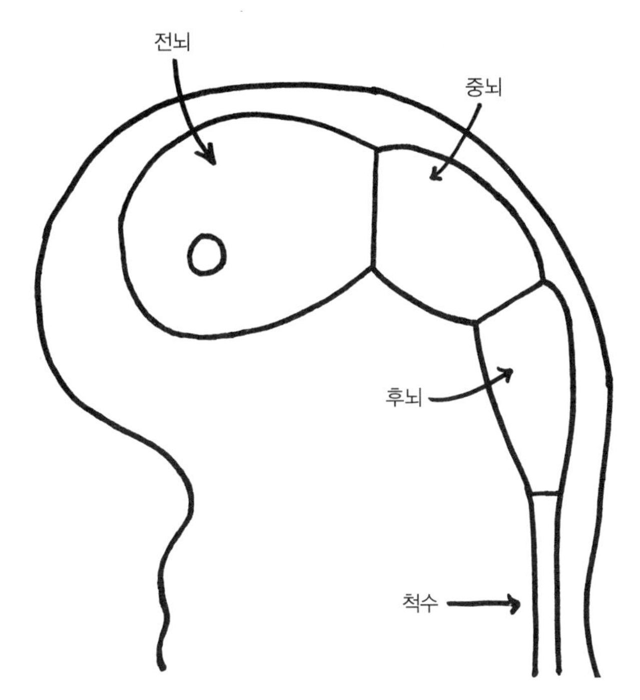

[그림 3-1] 태아의 뇌

장 최근에 형성된 신경세포는 뇌의 외각에 자리 잡게 된다.

신생아의 뇌는 완전히 발달된 것처럼 보이지만, 출생 시 유아의 행동을 보면 아직 뇌가 미성숙한 것을 알 수 있다. 뇌의 발달이 행동의 출현과 정적 상관을 보인다는 것을 감안할 때, 아이가 자신의 환경에 반응하는 방식은 뇌가 얼마나 잘 발달되었는지를 나타내는 좋은 지표이다. 예를 들어, 신생아는 운동 협응 능력이 매우 형편없지만 몇 달이 지나면 유도된 움직임을 보이기 시작하며, 곧 소근육 운동이 가능해진다. 이러한 행동 변화는 뇌의 운동 영역이 충분히 발달되었기 때문에 나타나는 것이다.

발달심리학자 Jean Piaget는 인간이 특정 행동의 출현으로 특징되는 네 가지 단계(감각운동기, 전조작기, 구체적 조작기, 형식적 조작기)를 거쳐 발달한다고 하였다. 이러한 주장과 유사하게 신경생물학자들 또한 뇌 형태의 변화가 행동 발달의 밑바탕이 된다고 가정한다. 따라서 인간 뇌의 성숙은 개체의 발달 상태와 일치한다는 결론을 내릴 수 있다. 실제로 Piaget가 제시한 각 단계마다 뇌에서 고유하고 강한 변화가 일어난다는 물리적 증거가 있다.

감각운동기(sensorimotor stage, 출생~3세)에서 인간은 자신의 환경을 이해하기 위해 자신의 감각에 크게 의존한다. 아기들이 손에 닿는 모든 것을 입으로 넣는 이유가 바로 이것이다. 이 동화(assimilation)과정은 어린아이가 세상을 경험할 수 있도록 한다. 나중에 더 자세히 설명하겠지만, 경험은 뇌의 가소성을 좌우하는 열쇠이다. 이와 같이 감각을 통해 자신의 환경을 탐구하는 아이는 자신의 뇌에 큰 변화를 일으킨다. 그리고 이러한 변화는 궁극적으로 뒤집기, 앉기, 기어가기, 말하기와 같은 행동적 이정표(milestones)의 출현으로 이어진다. 전조작기(preoperational stage, 3~6세)에는 뇌 안에서 두 반구 간의 연결성이 상당히 성숙되어 소통이 보다 효과적으로 이루어지게 된다. 그 결과, 이 시기의 아동은 보다 능숙하고 조율된 행동을 보인다. 구체적 조작기(concrete operational stage, 6세~청소년기)에서 뇌는 성인의 뇌와 거의 비슷한 크기에 달하며, 뇌의 총 부피는 청소년 초·중기에 최고에 달한다. Piaget는 최종 발달 단계를 형식적 조작기(formal operational stage, 청소년기~성인기)라고 했으며, 문제 해결과 논리로 특징된다고 하였는데, 이것은 신경과학자들이 말하는 집행 기능(executive functioning)과 유사하다(Emick & Welsh, 2005). 집행 기능은 계획, 충동 조절, 집중 및 언어 추론을 포함하는 고차원적 행위이다.

집행 기능의 신경생리학적 증거들은 잘 정립되어 있으며 전두엽 피질(prefrontal cortex: PFC)을 주요한 구조로 간주한다. 모든 뇌 영역 중 전두엽 피질은 가장 나중에 성숙한다. Piaget 또한 전두엽 피질이 완전히 발달되는 시점과 형식적 조작의 출현이 서로 관련된다는 점을 지적하면서 집행 기능에 있어 전두엽 피질의 중요성을 인정했다(Stuss, 1992). 주요 집행 기능 중 충동 조절이 있는데, 이것은 많은 청소년과 청년에게 대단히 어려운 일이다. Bunge 등(2002)은 청소년들과 성인들이 통제력을 발휘해야만 잘 수행할 수 있는 과제에 참여하는 동안 그들의 두뇌 스캔 자료를 수집하여 연구를 진행하였다. 그 결과, 어른들이 아이들에 비해 우측 복외측 전두엽 피질(right ventrolateral PFC)이 유의하게 더 활성화된다는 것을 발견하였다. 성숙되기 전에 전두엽 피질은 상당한 가지치기 과정을 거쳐 특정 신경세포와 시냅스를 제거한다. 이것이 나쁜 것으로 보일 수도 있지만 실제로는 뇌의 발달에 있어 매우 중요한 부분이다. 이를 통해 더욱 효율적인 신경계가 만들어지고 인간의 행동 조절 능력이 강화되기 때문이다. 상담사가 이해해야 할 것은 뇌가 청소년 후기에서 초기 성인기까지는 완전히 발달된 상태가 아니라는 것과 이 연령대의 내담자들을 성공적으로 상담하기 위해서는 표현 기법(expresseive techniques)의 활용이 필요할 수 있다는 것이다.

Landreth(2012)와 다른 이들이 지적했듯이, 아동과 청소년은 작은 어른(miniature adults)이 아니다. 그들은 실제로 문제 해결과 사고 과정 모두에서 성인과 구별되는 고유하고 타고난 기술과 능력을 활용하게끔 하는 상담 접근법에 꽤 잘 반응하는 대상들이다. 이들을 주로 상대하는 전문상담사는 아동이 제한된 인지 기능(특히 집행 기능) 때문에 높은 수준의 통찰을 하지 못하는 것을 알고 있다. 아동상담에서는 놀이치료나 표현예술(미술, 음악 등)이 주요 상담 접근법이 된다. 이러한 접근 양식이 아이들에게 가장 편안하기 때문이기도 하지만, 그 배경에는 신경학적인 이유도 존재한다.

가소성이란 무엇인가

1800년대 후반에 이루어진 플라스틱 발명은 현대 세계에 혁명을 일으켰다. 지금 당장 주위를 둘러보면 플라스틱으로 만들어진 물건을 최소 12개 정도는 찾을 수 있을 것이다. 지금 내가 일하고 있는 책상에도 빨간 컵, 레고 모형들, 가위, 디지털 메모리 카드, 머리핀, 테이프 디스펜서, 펜들, 이어폰 등이 보인다. 플라스틱을 발명하기 전에는 장인들이 오랜 시간에 걸친 힘든 제작과정을 통해 물건 하나하나를 만들었다. 예를 들어, 내 컵은 금속 한 장을 원하는 모양으로 절단하고 형태를 만들어 감으로써 제작되었을 것이다. 이것은 아마 숙련된 기술자에게는 그리 어려운 일이 아니었겠지만, 그에게도 약간의 연습과 힘든 노동이 필요했을 것이다. 오늘날 우리가 필요로 하는 거의 모든 것은 플라스틱으로 신속하고 저렴하게 만들어질 수 있다. 형태를 뜨는 거푸집에 액체 상태의 플라스틱을 부어 넣음으로써 컵이나 레고, 가위, 머리핀, 테이프 디스펜서, 펜, 이어폰 등 여러 가지 모양의 물체를 만들어 낼 수 있다. 플라스틱의 놀라운 가단성(可鍛性) 덕분에 사실상 어떤 형태의 물건도 쉽게 제작할 수 있다.

요즘 말로 '가소성(plasticity)'이란 쉽게 바뀔 수 있는 어떤 것을 의미한다. 발달 과정 중에 있는 사람의 신체는 가소성이 매우 좋다. 유아에서 성인으로 성장하는 동안에 우리 존재의 모든 부분에서 무수히 많은 변화가 일어난다. 하지만 완전히 성장한 후에도 가소성이 있을까? 물론이다. 예컨대, 우리의 키는 거의 일정하게 유지되지만 우리의 체중은 그렇지 않다. 또 우리가 부상을 입게 되면 우리의 몸은 스스로 치유하려는 시도를 한다. 체중이 몇 킬로그램 빠지거나 증가하는 것, 상처가 치유되는 것 등도 모두 우리 신체의 가소성을 보여 주는 놀라운 현상들이다. 그렇지만 사실 매일 우리의 뇌에서 일어나는 일들을 살펴보면 훨씬 더 놀랍다. 실제로 두뇌는 모든 장기 중 가장 가소성이 뛰어나다.

뇌 가소성의 역사

1800년대 중후반에는 뇌가 세포들이 거미줄처럼 연결된 그물망으로 여겨졌다. 신경세포들이 서로 융합된 것으로 생각되었기 때문에 세포 간 소통은 신경경로를 통해 계속적으로 흐르면서 행동을 불러일으키는 것으로 생각되었다. 해부학자 Joseph von Gerlach(1820~1896)이 제시하고 Camillo Golgi(1844~1926)가 지지했던 이 '망상설(reticular theory)'은 결국 세기가 바뀌는 무렵에 Santiago

Ramon y Cajal(1852~1934)에 의해 틀린 이론으로 밝혀졌다. Cajal은 골기의 염색법의 개선과 세포의 개체발생의 연구를 통해 신경세포는 물리적으로 서로 접촉하고 있지 않으며, 대신 각각의 신경세포가 고유한 하나의 단위라는 사실을 밝혔다(Lopez-Munoz, Boya, & Alamo, 2006 참고). Cajal은 신경 전달이 신경세포들 사이에 존재하는 작은 틈새(시냅스; 2장 참조)를 통해 일어난다고 최초로 주장하였으며, 이를 '신경세포설(neuron doctrine)'이라고 한다.[1] Cajal은 자신의 업적으로 이룬 뉴런 학설을 통해 다음과 같이 주장하였다.

① 신경세포는 신경계의 기본 단위이다.
② 신경세포는 (서로 융합되지 않는) 개별 단위이다.
③ 각 신경세포에는 세포체(soma), 축삭(axon), 수상돌기(dendrite)가 있다.
④ 신호 전달은 방향성이 있다.

[그림 3-2]는 망상설과 신경세포설의 차이를 보여 주는 Cajal(1917)의 그림이다. 왼쪽 척수의 신경 연결은 융합되어 있지만(망상설), 오른쪽에서는 시냅스로 구분되어 있다(신경세포설). 신경세포설의 묘미는 그것이 가소성의 존재를 허용할 뿐 아니라 어떤 수준에서는 가소성을 선제적으로 규정한다는 점이다. 망상설이 제시한 대로 우리의 뇌가 고정된 세포망으로 이루어져 있다면, 우리의 행동 또한 고정되어야 할 것이다(그리고 여기에서 과연 어떤 단계 또는 연령에 우리의 두뇌가 고정된 상태가 되는가라는 철학적 질문이 발생하게 된다). 단일 신경세포가 다른

1) 역자 주: 뇌 세포의 관찰을 위해서는 세포를 염색할 필요가 있다. 당시 뇌 세포 염색 기술을 개발한 대표적인 인물에는 Golgi 이전에도 Nissle이 있었다. Nissle의 염색방법은 뇌 세포의 세포체 부분만을 주로 보여 줄 수 있었던 것에 반해 Golgi의 방법은 세포체와 구별되는 신경돌기 조직인 축삭이나 수상돌기 등을 보여 줄 수 있었다. 그러나 신경세포가 서로 연결되는 방식에 대해서 Golgi는 세포에서 나온 축삭이나 수상돌기 같은 신경돌기들이 서로 이어져서 마치 동맥과 정맥처럼 연속된 그물 구조를 이룬다고 보았던 Gerlach의 관점, 즉 망상설(reticular theory)을 받아들였다. Golgi의 연구에 대해 큰 흥미를 가지고 있던 Cajal은 좀 더 면밀한 연구를 통해 신경세포가 서로 연결되어 있지 않으며, 그들 사이에는 시냅스라는 작은 틈새가 있다는 점을 발견했는데, 이를 신경세포설(neuron doctrine)이라고 한다. Golgi와 Cajal은 각자의 업적을 인정받아 1906년 노벨 생리학 · 의학상을 공동으로 수상했다.

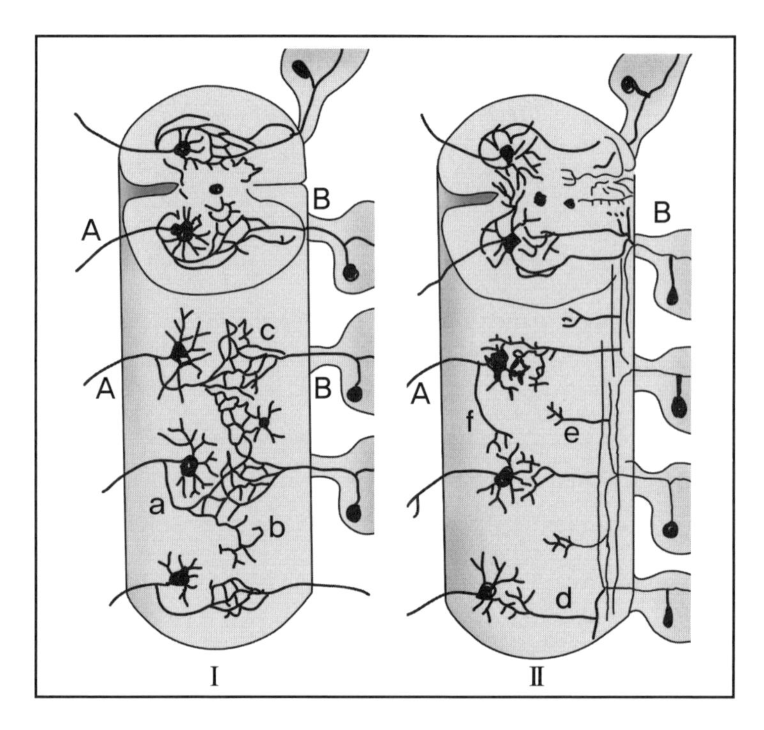

[그림 3-2] 망상설(왼쪽)과 신경세포설(오른쪽)을 보여 주는 Ramon y Cajal의 신경계 그림

신경세포와 영구적으로 연결되어 있지 않다는 사실은 뇌가 무한하게 변화될 수 있는 능력이 있음을 시사한다. 신경세포 A는 오늘은 인접한 세포 B와 '소통'하지만, 내일은 그 세포와 소통하지 않기로 결정할 수도 있다. 신경 연결을 만들고 또 끊을 수 있는 능력을 통해 뇌는 평생에 걸쳐 변화할 수 있는 무한한 잠재력을 갖추었다. 이 사실은 물론 상담의 예술 및 과학적 측면과 직접적으로 연결된다. 우리가 만나는 내담자의 뇌는 다음 회기에는 똑같은 뇌가 아닐 것이다.

생각해 볼 주제

☑ 뇌의 가소성에 대한 정보가 당신의 내담자와의 상담과정에 어떤 영향을 미칠 수 있을까?

☑ 뇌가 끊임없이 변한다는 사실을 아는 것만으로도 긍정적인 영향을 받을 만한 내담자들이 있는가?

우리의 뇌에서 매일 일어나고 있는 형태학적 변화를 실제로 보는 것은 불가능하지만, 우리의 행동이 그 변화의 증거가 되어 줄 수 있다. 거울 추적(Mirror Tracing) 과제는 신경심리학 분야에서 운동 행동을 평가하는 데 사용되는 일반적인 검사로 뇌 가소성이 작용하고 있음을 보여 준다. 이 과제에서 내담자는 자신의 손과 테이블 윗면이 거울을 통해서만 보일 수 있도록 특별히 제작된 테이블에 앉게 된다. 그런 후 실험자는 내담자에게 이중으로 된 선으로 그려진 별을 제시하고, 내담자는 가능한 한 신속하게 그 이중으로 된 선 사이를 따라 줄을 그으라는 지시를 받는다. 실험 장비의 특별한 배치 형태 때문에, 내담자는 이중으로 된 선 사이를 따라 정확하게 줄을 그리기 위해서는 자신의 행동이 거울에 반사된 상에 적응되어야 한다는 점을 깨달아야 한다. 예상대로 내담자들은 처음 몇 번의 시도에서는 과제를 제대로 수행하기를 어려워한다. 그러나 연습을 계속하게 되면 내담자는 정확하고 신속하게 과제를 수행할 수 있게 된다([그림 3-3] 참조).

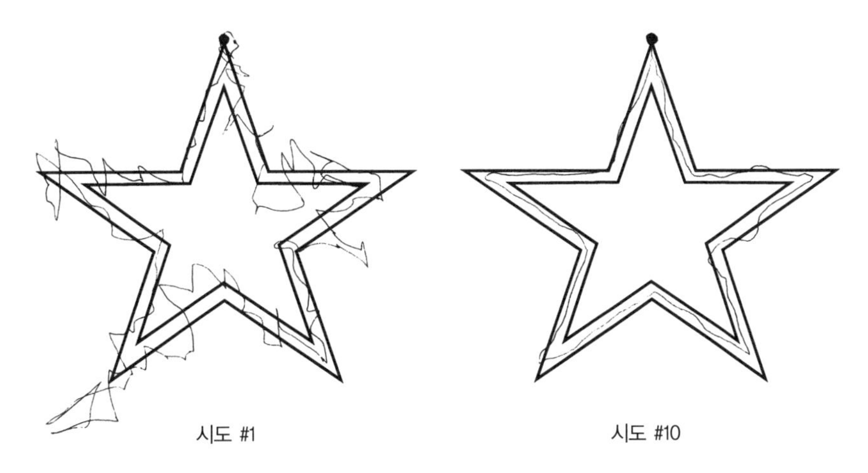

[그림 3-3] 거울 추적 과제 참가자의 수행능력 향상 현상
거울 추적 과제 참가자들은 처음에는 과제를 잘 수행하지 못하지만(시도 #1),
시간에 지남에 따라 수행 능력이 현저히 향상된다(시도 #10).

신경과학자들은 모든 행동 변화 이면에는 뇌의 근원적인 변화가 있다고 믿는다. 거울 추적 과제의 초기 시도에서는 글쓰기에 주로 관여하는 신경망에 의해 과제가 수행될 가능성이 높다. 하지만 뇌는 곧 그 신경망으로는 이 과제를 제대로 수행할 수 없다는 것을 깨닫고 변하기 시작한다. 해당 신경망은 원하는 행동이 생성될 때까지 기존의 신경세포 자체나 그 세포가 수행하던 기능을 종료함과 동시에 새로운 신경세포를 모집하는 과정을 시작한다. 녹은 상태의 플라스틱이 형틀에 맞게 모양이 새롭게 형성되는 것과 같이 신경망 또한 시스템의 요구에 따라 완전히 새로운 형태로 변화한다.

또 다른 예를 생각해 보자. 당신이 서커스 단원이 되어 줄타기 곡예사로 일할 기회를 얻었다고 가정해 보자. 처음으로 줄타기를 한다면 어떻게 될까? 당신이 이전에 줄을 타 본 경험이 없다면 아마 잘 해 내지 못할 것이다. 아마도 당신은 반대쪽 발판을 향해 매우 천천히 걸어갈 것이고, 발을 내디딜 때마다 수많은 실수를 할 것이다. 하지만 수일 동안 계속해서 훈련을 한다면 발 동작의 실수도 거의 없어지면서 점차 보다 편하고 빠르게 줄타기를 하게 될 것이다. 당신의 줄타기 행동에 나타난 변화의 근원에도 뇌의 가소성이 작용하고 있는 것일까? 물론이다. 1990년에는 일리노이 대학교의 신경과학자들이 모여 운동 학습에 관련되는 신경생물학적 기반을 밝히기 위한 실험을 고안하였다. 이 연구에서 연구자들은 쥐들에게 곡예 과제([그림 3-4] 참조)를 수행하게끔 훈련시키거나 또는 쥐들을 30일 동안 하루도 빠짐없이 단순히 자동화된 러닝머신 위를 걷게 한 후 그 쥐들의 뇌를 떼어내어 검사를 실시했다. 그 결과, 곡예 과제를 수행한 쥐들은 단순히 러닝머신 위를 걸었던 쥐들에 비해 소뇌의 앞다리 동작과 관련된 특정 부위에 수십만 개의 시냅스를 추가로 형성한 것이 밝혀졌다. 이러한 결과는 학습과 뇌 가소성 간의 관계를 지지하는 중요한 증거를 제공한다(Black et al., 1990). 이 연구 외에도 여러 다른 연구를 통해 이제는 뇌의 변화가 행동 변화를 수반한다는 점이 널리 인식되고 있다. 다시 말해, 우리가 새로운 행동(예: 줄타기, 뜨개질 배우기)을 개발할 때마다 가소성이 있는 우리의 뇌는 그 행동을 수행할 수 있게 되기 위해 스스로 재구성한다.

우리가 만나는 내담자들을 보아도 그들에게 새로운 패턴이 나타난 후에 그것이 몇 주, 몇 달 또는 몇 년 동안 그대로 유지되는 것을 볼 수 있다.[2)] 예컨대, 해결중심 단기치료(solution-focused brief therapy: SFBT)에서는 내담자가 강점, 미래에 대한 희망, 건강하고 유용한 함의가 있는 열망 및 가치 등에 초점을 두도록 한다. 전문상담사가 이러한 유형의 접근을 활용하면서 내담자가 자신의 이야기/의미를 재구성할 수 있는 기회를 포착하기 위해 경청하고 있으면, 내담자가 그동안 만들어 낸 이야기가 얼마나 부정적이고 문제투성이인지가 명확해진다. 쥐가 새로운 시냅스 연결을 만들어 내는 것처럼, 우리의 내담자들 또한 자신의 삶

[그림 3-4] 쥐가 줄타기를 하고 있는 모습

한 곳에서 다른 곳으로 줄을 타며 이동하기 위해서 쥐는 새로운 운동 기술을 습득해야 하며, 이는 쥐의 앞다리와 관련된 뇌 영역의 시냅스 변화를 초래한다.

2) 역자 주: 여기에서 말하는 패턴의 생성과 유지는 이전의 경험에 따른 생성 및 유지뿐 아니라 상담 경험 이후에 생긴 적응적 패턴의 생성과 유지 모두를 의미한다.

의 이야기들 사이에 새로운 시냅스 연결들을 만들어 낼 수 있다.

뇌의 가소성은 외상성 손상 이후에도 분명하게 드러난다. 감각운동 피질(sensorimotor cortex: SMC)은 뇌에서 모든 감각 정보를 수신하는 부위이다. 지금 내가 문장을 컴퓨터 자판으로 입력하면, 자판을 누르면서 생성되는 물리적 자극이 신경 신호(neural signals)로 변환되어 감각운동 피질로 전송되는데, 여기에서 접촉에 대한 지각(perception of touch), 즉 촉각을 생성한다. 감각운동 피질은 신체의 모든 부위가 그 안에 표상되게끔(represent) 구성되어 있다. 또한 감각운동 피질의 신체 부위 표상(representation)은 지형적으로 조직화되어 있어서 감각운동 피질에서 새끼손가락을 감지하는 부위는 넷째 손가락을 감지하는 부위 옆에 있고, 그 옆에 가운데 손가락을 감지하는 감각운동 피질 부위가 있는 등 감각운동 피질의 신체 부위 표상은 지형적으로 조직화되어 있다. 얼굴이 목 옆에 있지 않고 손 옆에 있다는 점을 유의하라([그림 3-5] 참조). 감각운동 피질의 지형적 배치는 뇌에 전기 자극을 주었을 때 몸의 어느 부분이 반응하는지를 기록함으로써 밝혀졌다. 이러한 실험을 통해 인간뿐만 아니라 여러 다른 종에 대한 '감각운동 지도'들도 만들어졌다.

그렇다면 이것이 뇌의 가소성과 어떤 관련이 있을까? 이 질문에 답하기 위해 손이 절단된 사람에게 어떤 일이 일어나는지를 생각해 보자. 분명 그것은 행동상의 어려움과 관련된 외상 경험일 것이다. 특히 그 절단된 손이 그 사람이 주로 사용하는 손이라면 더욱 그렇다. 그러나 행동상의 문제를 넘어 그 사람의 뇌에서는 무엇이 일어나는지를 상상해 보자. 감각운동 피질에서 얼굴이 손 옆에 위치해 있던 것을 기억하는가? 절단이나 신경 손상으로 인해 손이 더 이상 촉각 자극을 받지 못한다면 감각운동 피질의 해당 부분이 휴면 상태로 전환되고 더 이상 사용되지 않을까? 절대로 그렇지 않다. 손으로부터 더 이상 정보를 수신하지 않는 뇌의 부분은 지형도상 인접한 신체 부위에 재할당된다. 연구자들은 원숭이의 감각운동 피질의 지도를 그린 다음, 원숭이의 손과 감각운동 피질의 해당 부분 사이에 있는 신경 연결을 끊어 보았다. 그러고 나서 몇 달 후에 살펴보니 원

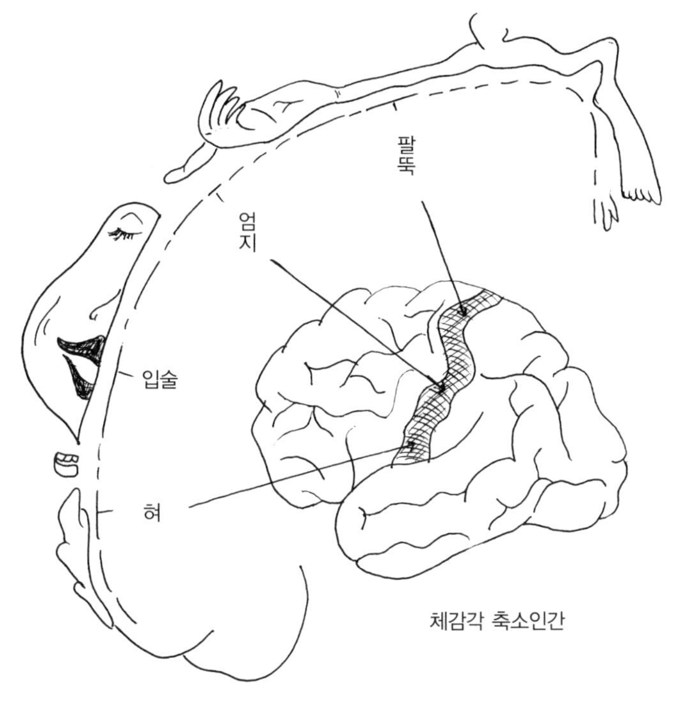

[그림 3-5] **체감각 축소인간**[3)]

숭이의 감각운동 피질은 손상이 발생하기 전에 만들어져 있었던 것과 달리 재구성되어 있었다. 이러한 결과는 지도가 현저하게 변경되었다는 사실에 대한 증거가 되었다. 손에 의해 더 이상 사용되지 않는 감각운동 피질의 일부는 인접한 얼굴 영역에 의해 사용되고 있었다(Pons et al., 1991; Kaas et al., 2008).

아마도 뇌의 가소성을 보여 주는 가장 잘 알려진 연구 중 하나는 Wiesel과 Hubel(1963)의 연구일 것이다. 이 연구에서는 시각 박탈이 고양이의 시각 피질에 미치는 영향을 살펴보았다. 연구자들은 갓 태어난 고양이의 한쪽 눈을 봉합한 채 3개월을 보낸 후, 다시 꿰맨 실을 제거하여 고양이가 두 눈으로 볼 수 있도

3) 역자 주: 체감각 축소인간의 원명은 somatosensory homunculus이다. 체감각 피질을 전기적으로 자극하면 특정 부위에 체감각들이 유도되는데, 이렇게 피질과 체감각을 대응시켜 그린 그림이 마치 축소인간을 닮았다고 해서 '체감각 축소인간'으로 부른다. 이것의 발전된 형태 중 하나로, 몸 표면에 대한 감각을 뇌의 특정 구조에 지도로 나타낸 것을 신체지도(somatotopy)라고 한다.

록 하였다. 그로부터 몇 달 후 고양이의 뇌를 살펴본 결과, 봉합되었던 눈과 관련된 시각 피질이 계속 꿰매지 않은 쪽 눈과 관련된 시각 피질에 비해 현저히 덜 발달되어 있는 것을 발견하였다. 시각 피질은 원주형으로 구성되어 있고, 각 원주는 두 눈에서 오는 정보를 각각 따로 받아들이는 두 개의 단위로 구성되어 있다. 따라서 Wiesel과 Hubel은 시각 피질의 활동을 확인하기 위해 조직학 기법으로 방사성 염료를 사용하였다. 그 결과, 잘 활성화되는 부분은 검정색으로, 봉합된 눈과 연결된 영역은 비활성을 나타내는 흰색으로 구분되어 줄무늬 패턴이 드러났다.

뇌가 가소성을 발휘하여 변화를 나타내는 데에는 그리 오랜 시간이 걸리지 않는다. 예를 들어, 우리가 유산소 운동을 하게 되면 뇌의 운동 영역뿐만 아니라 해마에서도 거의 즉각적으로 뇌 혈류가 증가하게 된다(Nishijima et al., 2012; Nishijima & Soya, 2006). Sikorski 등(2012)의 연구에 따르면, 해마의 즉각적인 대사 요구량은 보다 장기적인 혈관계의 형태학적 변화와 관련이 있을 것으로 보인다. 자발적인 휠 달리기(voluntary wheel running)는 운동 시작 후 이틀 내에 해마에서 혈관생성 표지자의 발현을 증가시키고, 신체활동을 시작한 지 30일 후에는 혈관생성 표지자가 여전히 높게 유지될 뿐 아니라(Kerr & Swain, 2011) 혈관 밀도가 상승되는 현상도 동반된다(Sikorski & Swain, 2006).

결론

뇌의 발달과 가소성은 주목할 만한 과정이다. 임신 후 몇 주 내에 인간 배아는 뚜렷한 뇌 영역을 나타내기 시작하고, 출생 시점에는 삶에 필요한 모든 하드웨어가 완전히 갖추어진다. 우리의 뇌는 인생 첫 2년 동안 가장 빠르게 성장하지만, 삶의 경험을 통해 죽을 때까지 계속해서 변화할 수 있다. 이러한 '가소성'은 변화를 가능하게 한다. 뇌의 가소성에 대해 알려진 것을 감안하여, 전문상담사는 내담자들의 두뇌에서 실제로 일어나는 물리적 변화가 그들의 행동 변화의 근본적인 원인이 된다고 추정할 수 있다.[4] 그렇기 때문에 전문상담사가 하는 일은 진정으로 '마음을 변화시키는' 일이라고 할 수 있다.

복습을 위한 질문

1. 일반적으로 전두엽 피질이 뇌에서 가장 마지막으로 발달되는 부분이라는 점은 아동과 청소년을 대상으로 상담할 때 어떤 영향을 미치는가?
2. 뇌의 가소성 개념은 부정적이고 비생산적인 생각 및 감정에 갇힌 내담자들을 이해하는 데 어떤 영향을 미치는가?
3. 감각운동 피질의 지형적 배치와 관련된 기본 개념들을 정의하고 설명해 보라.

---

4) 역자 주: 뇌가 행동의 원인이라고 볼 수도 있지만, 의사가 약물을 통해서, 그리고 전문상담사는 사회적 자극을 통해서 내담자의 뇌에 영향을 끼치는 작업을 수행한다고 볼 때, 뇌는 사회적 자극의 결과이기도 하다. 상담 개입과 신경과학을 연결하는 논의는 대체로 후자의 관점을 취한다. 이 책 전반적으로도 그렇지만, 특히 다음에 나올 제4장은 후자의 관점에서 논의하고 있다.

제4장 다양한 상담 접근법이 뇌에 미치는 차별화된 영향

상담이론은 내담자의 삶에 긍정적인 변화를 가져오기 위한 이론적 및 증거기반(evidence-based) 전략들을 제공한다(Murdock, 2012). 전문상담사는 다양한 접근 방식, 스타일 및 기술을 통해(McHenry & McHenry, 2006) 내담자가 힘든 시기에도 의미를 창조하고(Rogers, 1951), 새로운 삶의 방식을 발견하며(Ellis, 2001), 자신의 인생 이야기를 다시 쓰고(White & Epston, 1990), 의사결정을 잘 할 수 있도록 도움을 주기 위해 노력한다. 연구를 통해 여러 이론이 특정 유형의 내담자들에게 효과적이라고 제안되고 있지만(예: PTSD 내담자를 대상으로 한 인지행동치료), 상담의 접근법과 특정 호소 문제 간의 연관성을 신경학적 관점으로 풀어내는 노력은 아직 미비하다. 그러나 여러 유형의 상담 접근법이 뇌(즉, 내담자의 생각, 감정, 행동)에 어떻게 영향을 미치는지에 대해 더 잘 이해하고 인식하는 것은 상담 실무자들에게 매우 유용할 수 있다.

우리는 상담과정이 내담자의 머리 안에서 이루어진다고 생각하지만, 일부 상담 접근법은 내담자가 먼저 행동할 것을 권장한다는 점이 흥미롭다. 내담자의 그러한 신체활동을 통한 행동 변화는 사고의 변화로 이어질 수 있다. 그러므로 이 장에서는 논의, 대화 및 사고 전환을 통해 두뇌를 바꾸려는 시도뿐만 아니라 내담자가 신체적으로 행동함으로써 자신의 몸과 마음의 화학적 · 신체적 · 생리학적 측면을 변화시키는 방법들 또한 다룰 것이다.

신경 가소성

우리는 이제 뇌에서 발생하는 작은(그렇지만 대체로 중요한) 변화들까지 측정할 수 있는 기술과 방법을 보유하고 있다. 3장에서 설명한 것처럼 신경과학 분야는 뇌가 평생 동안 변화한다는 사실을 분명하게 입증하였다. 상담사가 이해해야 할 중요한 점은 내담자의 뇌가 상담 회기마다 다를 수 있다는 것이다. 내담자의 뇌는 삶의 경험, 환경적 요인, 신체활동, 식습관 등 생활에 영향을 미치는 여러 요인으로 인해 구조적 및 화학적 변화를 겪는다. 물론 상담사는 내담자의 뇌가 변화할 수 있고, 시간이 지남에 따라 기존의 관심사, 문제, 원치 않는 행동 등과 관련된 부위에 새롭고 의미 있는 신경 경로를 형성할 수 있다는 점을 본질적으로 알고 있다. 그러나 뇌가 실제로 매 순간 조금씩 달라진다는 점은 내담자의 뇌에 이미 장착된 신경 가소성을 활용할 수 있는 새로운 가능성을 열어 준다.

서로 다른 특성을 가진 이론적 접근의 다양성, 각 접근이 각 개인의 뇌에 일으킬 수 있는 효과의 다양성, 뇌의 각 부위에서 격발될 수많은 반응과 이들 간의 연결 가능성 등을 고려하면 상상할 수 있는 경우의 수는 정말 무한하다. 따라서 이 장은 모든 경우를 다룰 수는 없고 주요 상담이론에 포함된 핵심적 개념에 대해서만 논의할 수밖에 없다. 뿐만 아니라 여러 상담이론이 (언어는 다를 수도 있지만 내용 측면에서) 유사한 개념을 다루는 경우도 있기 때문에, 우리는 주로 각 이론의 고유한 측면에 초점을 맞추어 강조하려고 노력했다. 하지만 이러한 개념들의 의미와 그 개념들이 뇌에 미치는 영향에 대해 논의하기 전에 내담자가 상담에 참여한다는 것은 곧 새로운 관계를 시작한다는 것을 의미한다는 사실을 아는 것이 중요하다. 다음 절에서는 일반적인 관계에 내재된 역동에 대해 설명하고, 일반적인 관계가 상담관계와 유사한 점이 많다는 것에 대해 논의하고자 한다.

일반적인 대인관계, 상담관계 그리고 대부분의 상담 접근에 내포된 핵심 개념

관계적 단계모형(relational stage model)에 따르면 대인관계는 시작(initiating), 실험(experimenting), 심화(intensifying), 통합(integrating) 및 유대감 형성(bonding)의 5단계로 발전한다(Knapp & Vangelisti, 2000). 이 과정 그리고 각 단계와 관련된 활동에는 여러 상담이론에서 가장 널리 적용되고 있다고 Lambert와 Ogles(2004)가 밝힌 여러 요인, 즉 긍정적인 관계, 안심, 구조화, 카타르시스, 상담사와의 동질감, 긴장 완화, 신뢰, 통찰, 정서적 경험, 위험 감수 및 현실 검증 등이 포함된다. 다음에 진행될 논의에서는 일반적인 대인관계 형성 단계를 대부분의 상담이론과 관련된 요인들과 통합함으로써 그들 간의 유사성을 강조하고자 한다. 우리는 일반적인 대인관계와 상담관계 사이의 높은 연관성이 상담과정의 기초가 되는 신경생물학적 기반을 밝혀내는 데 도움이 될 거라고 믿는다.

내담자가 상담사와 첫 상담 예약을 잡으면(1단계: 시작), 두 사람은 서로 만나 내담자의 가치, 신념, 기대에 대해 이야기하면서 이 관계가 긍정적인지, 또 서로 잘 맞는지를 살핀다(2단계: 실험). 내담자가 상담사와 계속해서 만나기로 결정한다면 그는 상담사에게 자신의 개인적인 문제에 대해 이야기를 할 만큼 상담사를 신뢰하기 시작하고(3단계: 심화), 내담자는 여러 상담 회기에 걸쳐 상담사와 동일시하게 될 수도 있다(4단계: 통합).

Knapp의 모형에서 마지막 단계(5단계: 유대감 형성)는 상담과정에 딱 들어맞지는 않지만 여전히 유사점은 존재한다. Knapp은 유대감 형성 단계를 두 사람이 어떤 약속이나 헌신(commitment)의 형태로 서로의 삶을 공유하는 과정이라고 본 반면, 상담사와 내담자 간의 유대감은 아마도 관계의 심화과정에서 발생하는 결과물로 가장 잘 묘사될 수 있을 것이다.

일반적인 대인관계를 신경생물학적 관점에서 살펴본 연구는 상당히 많다. 일반적인 대인관계와 상담관계가 유사하다는 점을 고려하면, 이 두 가지 관계의 신경생물학적 요인들도 아마 꽤 비슷할 것이다. 신경펩타이드[1] 옥시토신(oxytocin: OT)[2]이 대인관계 행동에 매우 중요하다는 점은 잘 알려져 있다. 이 주제에 관한 대부분의 문헌은 옥시토신이 모-아(mother-infant) 애착에 어떤 식으로 관여하는지를 살펴보았는데, 결국 옥시토신이 모-아 애착관계를 형성하는 데 반드시 필요하다는 것이 밝혀졌다. 설치류 연구에서는 자녀에게 양육 행동을 보이는 엄마들에게서 옥시토신 수용체(oxytocin receptor: OTR)의 결합이 증가한다는 것(Francis et al., 2000)과 옥시토신 수용체를 차단하면 모성 행동이 감소한다는 것(Stern & Taylor, 1991)을 보여 주었다.

옥시토신을 생산하는 신경세포들은 시상하부에 위치해 있으며(Rossoni et al., 2008), 그 신경세포의 반대쪽 말단은 복측 피개부(ventral tegmental area: VTA)[3]를 포함한 뇌의 여러 영역과 연결되어 있다(Numan & Sheehan, 1997). 복측 피개부는 뇌가 가진 보상 회로의 일부이며 옥시토신 수용체가 풍부하게 자리 잡고 있다(Gimpl & Fahrenholz, 2001). 복측 피개부는 도파민(dopamine: DA)[4] 신경

1) 역자 주: 펩타이드(peptide)는 두 개 이상의 아미노산 분자로 이루어진 화학물질이다. 보통 소수의 아미노산이 연결된 것을 펩타이드, 많은 아미노산이 연결된 것을 단백질이라고 부른다.

2) 역자 주: 옥시토신(oxytocin)은 시상하부의 거대신경분비세포로부터 뇌하수체 후엽으로 분비되는 작은 크기의 펩타이드 호르몬으로 자궁의 수축과 젖샘에서의 젖 배출을 자극한다.

3) 역자 주: 피개부(tegmental area)에서 피개(tegmentum, 被蓋)란 덮는 부분(covering)이라는 의미로, 피개부는 중뇌의 중심부 가까이에 위치한 신경세포의 집단이다. 특히 복측 피개부(VTA)는 뇌에서 보상을 담당하는 부위로 연애, 마약, 알코올 등도 이 보상 부위를 활성화한다.

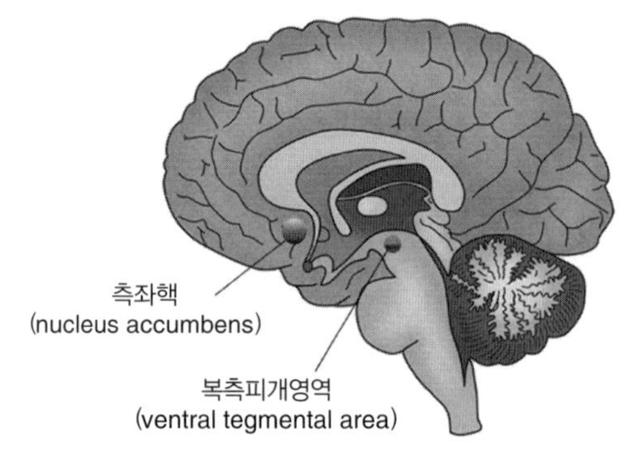

4) 역자 주: 도파민은 특정 행동을 형성하여 사람의 동기를 유발함으로써 즐거움과 행복한 기분을 제공하는 뇌의 보상 시스템과 관련이 있다. 도파민은 음식, 섹스, 약물과 자극에서 오는 보상의 경험에 의해 분비된다.

세포들을 포함하고 있는데, 그 신경세포들의 말단은 측좌핵(nucleus accumbens: NAc)으로 뻗어 나 있다. 인간이 성관계, 마약 복용, 초콜릿 섭취 등과 같은 특정 행동을 하게 되면 복측 피개부 신경세포는 측좌핵 내에서 도파민을 분비하여 행복감을 일으킨다. 궁극적으로 이러한 행동에서 경험된 즐거움은 동일한 행동을 계속하도록 만드는 요인이 된다. 관계적 유대감의 형성과정에서는 복측 피개부 내에서 옥시토신 수용체가 활성화되면서 측좌핵에 있는 도파민이 증가하고(Champagne et al., 2004), 그 결과로 관계의 형성이 강화를 받는다. 이 연구는 주로 일반적인 관계를 맺고 있는 비인간 동물들을 대상으로 수행되었지만, 이와 비슷한 과정은 상담사와 내담자 사이에서도 발생할 개연성이 크다.

관계적 유대감을 증진시키는 것 외에도 옥시토신은 상담과정의 또 다른 중요한 부분인 관계에서의 헌신에도 관여하는 것으로 보인다. Scheele 등(2012)은 최근 연구에서 특정 관계에 헌신하고 있는 남성 중에서 옥시토신을 투여받은 사람들이 위약(placebo)을 투여받은 사람들보다 매력적인 여성 앞에서 더 큰 불편감을 느꼈다고 보고하였다. 커플을 대상으로 한 또 다른 연구에서는 참여자들의 옥시토신 수준을 연구 시작 시점과 6개월 후 시점에 한 번씩, 총 두 번 측정했는데 그 결과 이별한 커플은 6개월 후 측정 시 유의하게 감소된 옥시토신 수준을 보였다고 밝혔다(Schneiderman et al., 2012). 이러한 연구 결과들은 옥시토신과 관계에서의 헌신 사이에 정적 상관관계가 존재한다는 것을 암시하고 있다.

상담관계를 포함해서 좋은 관계라고 일컫는 모든 관계가 가지는 특성 중 하나는 신뢰(trust)이다. King-Casas 등(2005)에 따르면 상대방을 신뢰할 의사(intention)는 도파민에 의해 매개된다. 도파민이 복측 피개부에 있는 옥시토신 수용체의 활동을 통해 조절되는 점을 감안하면 옥시토신이 신뢰 형성에도 관여하고 있을 가능성이 있다.

통찰(insight) 과학자들은 최근에서야 통찰력이나 창조성과 관련된 신경생물학을 이해하기 시작했다. 이와 관련된 문헌들을 살펴보면 통찰 또는 '아하' 하는 순간(Kounios & Beeman, 2010)은 다양한 기술에 의해 생리학적으로 측정되고 있다. 한 연구에서는 참여자가 통찰력과 관련된 문제를 푸는 동안 그의 뇌 활동을 기록하기 위해 기능적 자기공명영상(fMRI)과 뇌전도(EEG)를 사용했다. fMRI 자료는 사람들이 통찰력이 요구되는 문제를 풀 때 오른쪽 측두엽의 활동이 증가한다는 것을 명확하게 보여 주었다. EEG 자료 분석 또한 사람들이 통찰력 문제를 푸는 동안 오른쪽 측두엽이 개입된다는 것을 입증해 주었다. 또한 EEG 자료는 오른쪽 측두엽이 활성화되기 전에 우측 후두부 피질에서도 변화가 일어난다는 사실을 밝혀 주었다(Jung-Beeman et al., 2004). 이러한 자료들은 통찰의 순간에 앞에서 언급한 뇌 활동에 특정한 순서(후두엽에서 측두엽으로)가 있다는 것을 보여 주고 있다. 후두부 피질은 주요 시각 센터이다. 즉, 이러한 자료는 통찰력을 발휘하여 문제를 해결할 때 시각화가 문제 해결에 중요한 요소임을 시사한다. 우리는 해결책을 '보게' 되면 그 해결책을 실행으로 옮기기 위해 그것을 뇌의 다른 곳으로 이동시킨다.

위험 감수(taking risks) 위험을 감수하는 행동에는 뇌의 여러 영역이 관여한다. 예컨대, 특정 약물이 유입되었을 때 황홀감을 일으키는 것으로 알려진 변연계 중간 부위에서 도파민에 의해 활성화되는 체계(mesolimbic dopaminergic system)는 우리가 위험한 행동을 할 때에도 관여한다(Reuter et al., 2005). 위험을 감수하는 행동에서 도파민의 역할은 매우 중요하기 때문에 도파민 치료(예: 파킨슨병을 치료하기 위한 치료)를 받는 사람들이 도박 중독에 빠지는 경우가 드물지 않게 발생한다(Dodd et al., 2005). 도파민으로 활성화되는 보상체계와 관련된 뇌 부위 외에 다른 뇌 부위들 역시 위험 감수 행동과 분명한 관련성을 보인다. 한 연구에서는 양전자 방출 단층촬영(PET)을 사용하여 참여자가 도박 게임을 하면서 단기 이득과 장기 손실 중 어느 것을 선택할지를 결정하는 동안 일어나는 뇌 활동을 살펴보았다. 그 결과, 충동성이나 자기통제와 관련된 뇌 부위인 안와전두 피질(orbital frontal cortex)이나 배외측 전전두 피질(dorsolateral prefrontal cortex)과 더불어 복외측 전전두 피질(ventrolateral profrontal cortex), 전대상 피질(anterior cingulate), 뇌섬엽(insula), 두정엽(parietal cortex) 및 소뇌(cerebellum)에서도 변화가 있음을 알게 되었다(Ernst et al., 2002). fMRI 기술을 사용한 다른 연구는 사람이 위험을 감수하는 행동을 할 때 배외측 전전두 피질, 전대상 피질 및 전 뇌섬엽(anterior insula) 등이 우선적으로 활성화된다는 것을 밝혀냈다(Rao et al., 2008). 이러한 자료들을 종합해 보면, 위험 감수는 확실히 도파민의 보상 속성으로 강화되는 두뇌 전체적 경험임을 알 수 있다.

카타르시스(catharsis) 카타르시스는 감정 표출을 통해 안도감을 느끼는 경험을 일컫는다. 종종 전문상담사는 내담자에게 일기 쓰기 등의 숙제를 내줌으로써 카타르시스를 촉진시킨다. 실제로 일기를 쓰는 많은 사람이 글쓰기를 통해 자신의 감정을 표현함으로써 안도감을 느낀다고 보고한다. Liberman(2009)에 의하면 일기 쓰기는 감정과 자기통제에 관여하는 뇌 영역들에 영향을 미치기 때문에 카타르시스를 유발한다. 특히 자신의 감정에 대한 글을 쓰는 과정은 편도체(감정 센터) 활동을 감소시키고 전두엽 피질(자기통제 센터) 활동을 증가시키는 경향이 있다. 카타르시스와 관련된 또 다른 행동은 우는 것이다. 실제로 우는 행동과 관련된 뇌 영역에는 편도체와 전대상 피질이 포함된다(Newman, 2007). 카타르시스에 관한 신경생리학 정보는 아직 부족하지만, 현존하는 자료들은 편도체가 이 과정에 관여하는 주요 영역임을 보여 주고 있다. 아마도 그렇기 때문에 내담자는 진정한 카타르시스를 경험할 때 이를 원시적인 수준에서 느끼고 인식한다.

대다수의 상담사는 이상의 목록 안에서 자신이 내담자와의 작업관계를 형성하고 내담자가 보다 생산적이고 건강한 방식으로 변화하도록 도울 때 추구하는 여러 요소를 발견할 수 있을 것이다(Murdock, 2012). 그러나 일부 내담자의 경우 상담과정 중 이러한 요소들을 도달/충족하는 데에 큰 어려움이 있을 수 있다. 예를 들어, 어떤 내담자들은 자신의 행동을 바꾸려는 의지가 있어도 위험을 감수하기 어려워한다. 위험 감수에 대한 저항은 편도체에 뿌리박고 있다. 따라서 감정, 특히 두려움에 관여하는 뇌 영역에 대해 알고 있고, 내담자가 보이는 저항이 그가 선택한 행동이 아니라 사실 뇌와 관련이 있다는 것을 인지하고 있는 상담사는 내담자를 보다 효과적으로 도울 수 있을 것이다. 이러한 경우, 내담자의 위험 감수 행동을 증가시키기 위해 편도체에 다른 방식으로 접근하는 시도가 필요할 수 있다.

예를 들어, 상담사가 그 유명한 Albert Ellis의 사례(거절에 대한 공포가 있었던 Ellis가 한 달 동안 뉴욕 식물원에서 100명의 여성에게 말을 거는 시도를 했던 일화)에서 사용했던 방법으로 내담자에게 위험 감수 행동을 시도하게끔 개입한다고 하자. 그때, 상담사는 내담자의 과잉 활성화된 편도체에 대해 '위험 감수 행동을 하더라도 편도체가 자신의 중요한 기능을 방해받지 않는 수준에서 하려고 하는 중'이라고 내담자에게 재해석해 줄 수 있다. 이렇게 재구성하면 내담자의 뇌는 여성에게 말을 거는 순간이 투쟁-도피 상황이 아니라 인지적 이해에 기초한(즉, 그 과제를 상위 집행기능을 담당하는 전두엽의 도움을 받아 수행하는) 도전적인 실험을 하는 순간으로 받아들이게 된다. 내담자가 이 상황을 인지적으로 처리해야 한다면, 집행기능은 반드시 활성화되는 한편 편도체의 발화(firing)는 감소해야 한다. 이것이 실제로 Ellis가 한 시도이고, 그 시도는 그에게 효과적이었다.

전문상담사나 상담과정에 대한 내담자의 반응이 실제로 저항이나 반작용이 아니라, 내담자의 뇌에서 활성화되려고 하는 일부 영역이 마비되었거나 과도하게 활성화되어 나타나는 반응이라는 것을 알아차린다면 상담사는 앞서 언급한 요소들을 보다 잘 활용할 수 있을 것이다.

신경학적 수준에서 이러한 내담자 유형에 대한 임상적 접근 방식을 이해하기 위해 고전적 행동주의 관점을 활용해 볼 수도 있다. 내담자가 여성(무서운 자극)을 자신이 즐거워하는 것과 연관 지을 수 있게 되면 시간이 지남에 따라 여성을 덜 무서워하게 될 것이다. 이것이 고전적 조건형성의 본질이다. 여성과 즐거워하는 것이 연관 지어지면 지연 조건형성(delay conditioning)이 이루어졌다고 볼 수 있는데, 이는 소뇌와 뇌간에 의해 매개된다. 이러한 유형의 접근법은 내담자의 과민성 편도체의 존재와 그것의 영향력을 덜 중요하게 여길 것이다(Clark, Manns, & Squire, 2002).

대부분의 전문상담사는 주요 상담이론(예: 인지행동, Adler, 인간중심, 내러티브 등)에서 제시하는 추가 기술들과 치료 지침을 활용한다. 따라서 다음 절에서는 여러 상담이론에 통합된 주요 이론적 과정에 대한 논의를 포함시켰다. 하지만 이 과정을 시작하기에 앞서 우리는 먼저 두 가지 주요 사항을 인지하고 있어야 한다. 첫째, 이론들 사이에는 중첩되는 여러 내용이 있다. 둘째, 더 중요하게 기억해야 할 것은 우리가 여기서 각 이론에 대한 모든 측면을 다루지 않고 있다는 것이다. 이 부분은 개정판이 나올 때 보충될 수도 있을 것이다.

문제 고착상태/보속성

신경 가소성은 정상적인 두뇌 성장과 발달이 내담자가 직면하고 있는 비교적 사소한 문제들을 극복하도록 도울 수 있는 기회를 제공한다. 그렇지만 불행하게도 상담을 찾아오는 대부분의 내담자는 사소한 문제를 가지고 있는 사람들이 아니다. 많은 내담자는 이미 친구, 성직자, 가족 등 다른 이들과 이야기를 해 보기도 하고, 스스로 찾은 또는 의사에게 처방받은 약을 복용하거나 아니면 자신의 생각과 행동을 바꾸려는 노력을 해 본 후에야 상담실을 찾는다. 이 시점에서 내담자의 목표와 정확하게 일치되는 상담 과정과 기술은 극적이고 중요한 영향력을 발휘할 수 있다. 일부 내담자의 도식화된 지도가 너무 경직되어 변화될 수 없을 것처럼 보이더라도, 신경 가소성의 자연적 과정만으로도 새로운 반응을 할 수 있다. 효과적인 상담 기술은 긍정적으로 재구성하려는 뇌의 자연스러운 성향을 보다 향상시키고 가속화하여 내담자의 긍정적 변화를 촉진시킬 수 있다. 신경과학자들은 내담자의 문제 고착상태(stuckness)를 '보속성(perseveration)'이라고 부른다. 예를 들어, 늙은 쥐를 훈련시켜서 불투명한 물이 가득한 웅덩이에 숨어 있는 단상(platform)이 어디에 위치하고 있는지를 배우게 한 후 단상을 다른 곳으로 옮겨 놓으면, 쥐는 계속해서 단상이 있었던 이전 위치로 헤엄친다. 쥐가 자신의 행동 전략을 바꾸지 않는 현상은 보속성 또는 문제 고착상태의 예이다. 인지 유연성(cognitive flexibility)은 주로 내측 전두엽에 의해 매개되는 집행 기능이며(de Bruin, Swinkles, & de Brabander, 1997), 내측 전두엽의 노르아드레날린성 투입 변화는 인지적 경직성을 가져올 수 있다(Tait et al., 2007). 1993년 Morgan, Romanski와 LeDoux는 내측 전두엽이 손상된 쥐들이 혐오 자극이 더 이상 나타나지 않아도 여전히 공포를 느낀다는 관찰에 근거하여 감정적 보속성(emotional perseveration)이라는 개념을 제안하였다. 이 연구 외에도 몇몇 연구에서 우리가 상담하는 내담자들에게서 관찰되는 문제 고착 현상을 신경생물학적 메커니즘과 직접적으로 연결시킨 바 있다.

사회적 관심

Adler의 개인심리학의 주요 구성 요소 중 하나는 사회적 관심(social interest)이라는 기본 개념이다. Adler 학파 심리학자들은 활발하고 적극적이며 용감한 사회 구성원이 되고자 하는 개인의 열의를 재건, 재생산 및 재점화하는 일의 힘과 중요성을 인식하고 있다. 즉, 그들은 내담자들이 자신의 틀에서 나와 더 큰 세상 그리고 주위에 있는 다른 사람들과 다시 연결됨으로써 긍정적인 변화를 맛볼 수 있다고 주장한다. 자신에게 닥친 문제로 인해 낙담한 사람들이 다른 사람들과 교제하며 누군가에게 도움을 줄 때 삶의 새로운 의미를 발견할 수 있기 때문에 대부분의 임상가는 내담자들이 그러한 방향을 추구하는 것에 대해 동의한다. 개인에게 큰 의미가 있는 사회적 관계들은 뇌 구조와 뇌화학에 중요한 변화를 가져올 수 있다는 연구 결과(Rubin & Terman, 2012) 또한 이러한 생각을 뒷받침해 준다.

Rubin와 Terman(2012)은 오랜 시간 높은 수준의 스트레스를 경험한 한 내담자의 사례를 통해 이러한 변화가 어떻게 작용하는지에 대한 설명을 제시하였다. 이런 경우, 내담자는 전두엽 피질과 해마 사이의 신경 연결을 감소시키면서 편도체와 안와전두 피질([그림 4-1] 참조)의 크기와 강도를 증가시킬 수 있다. 뇌의 후반 부분은 자극에 대한 기분 및 정서적 반응을 조절한다. 그 부분의 크기를 증가시키는 것이 내담자가 세상에 대해 점점 더 정서적으로 민감한 반응을 보이는 현상을 만들어 내는 하나의 요소가 될 수 있다. Rubin과 Terman(2012)은 내담자의 사회적 활동을 증가시키는 것이 스트레스로 인해 부정적인 영향을 받고 있는 뇌의 영역에서 실제 및 지각된 자극에 대한 보다 정상적인 반응을 만들어 내기 위해 필요한 신경 연결들을 재개발시킬 수 있다고 추측하였다.

따라서 상담사는 내담자들이 긍정적인 사회적 상호작용을 통해 보다 균형 잡힌 두뇌를 만들어 나갈 수 있음을 인식하고 있어야 한다.

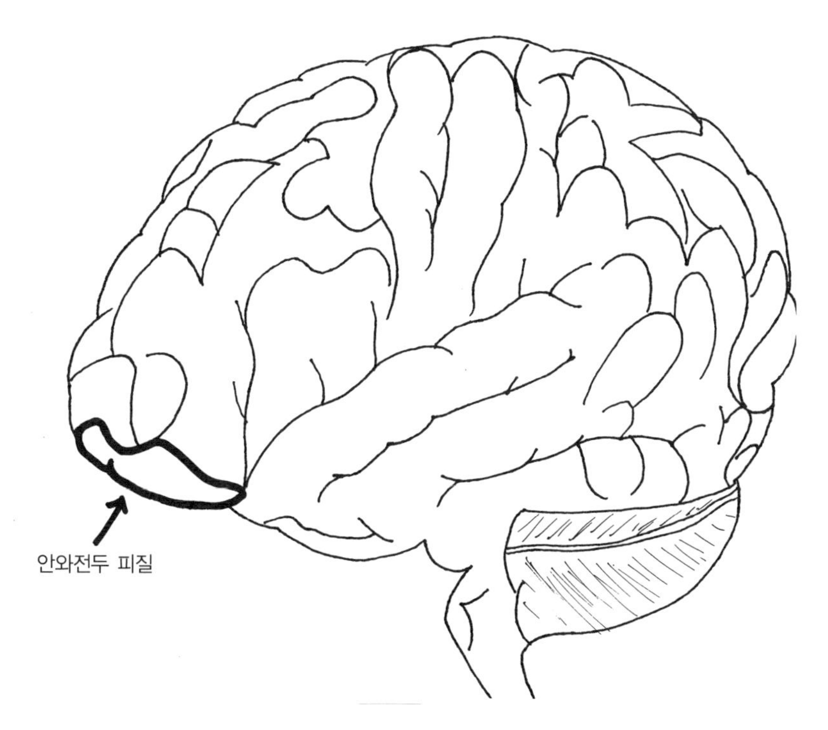

[그림 4-1] 안와전두 피질

안와전두 피질은 눈 바로 뒤, 뇌의 앞쪽에 위치하고 있다.

안구운동 민감소실 및 재처리(EMDR)[5)]

이 접근법에서는 훈련된 전문상담사가 우울증, 불안, 공포증, PTSD를 비롯한 여러 가지 정서적 문제를 극복하려는 내담자를 돕기 위해 뇌의 자연적 과정을 활용한다. 이 접근법의 핵심은 개인이 REM 수면[6)]에 들어갈 때 일어나는 깊은 수면 패턴을 통해 하루 동안 일어난 사건들을 스스로 조절하는 몸의 자연적인 경향성에 있다. 우리는 보통 REM 과정만으로 항상성 상태로 돌아갈 수 있다. 하지만 안타깝게도 공포, 외상, 심한 고통 등이 있는 경우, 내담자의 뇌는 REM 과정을 끝까지 완수할 수 없으며, 시간이 지나면서 이러한 정서적 및 인지적 문제들을 계속 스스로 조절하지 못할 때 심각한 문제가 될 수 있다.

안구운동 민감소실 및 재처리(EMDR)는 미리 정해진 조건 내에서 REM 과정을 모방하는 방식으로 작동된다. 미리 정해진 조건이란 내담자가 경험하는 문제와 고통에 대한 시각적 심상뿐 아니라 청각적 심상을 포함한다. 본질적으로 EMDR은 내담자에게 어려움을 야기하는 문제들을 대상으로 한 심화되고 장기적으로 이루어지는 REM이라고 할 수 있다. 이 절차를 통해 수정하고자 하는 핵심적인 영역은 뇌의 기억 저장소이다.

기억에는 일반적으로 두 가지 유형이 있다. 하나는 서술기억이고 다른 하나는 비서술기억이다. 서술기억은 우리가 의식적으로 알고 있고 쉽게 설명할 수 있는 기억이다. 반면, 비서술기억은 무의식적 기억으로서 우리가 무언가 알고 있

5) 역자 주: 원저의 제목은 Rapid Eye Movement Desensitization(REMD)으로 되어 있으며, 이것은 '급속안구운동 민감소실'로 번역할 수 있다. 그러나 요즘에는 이 개입 절차는 EMDR(Eye Movement Desensitization and Reprocessing), 즉 '안구운동 민감소실 및 재처리 요법'으로 통용되며, 이 개입 절차를 처음 발견한 Francine Shapiro 박사가 설립한 연구소 이름 역시 EMDR Institute(https://www.emdr.com/)로 되어 있다. 때때로 EMDR을 개입 패키지로 간주하고, 급속 안구운동 민감소실(REMD)을 그 패키지의 여러 요소 중 하나로 따로 구분하여 연구할 때도 있지만, 이런 경우는 매우 드물다. 이 절 역시 EMDR 중 REMD라는 한 요소만 따로 강조하기보다 EMDR 전체를 설명하고 있기 때문에 이 절의 제목을 '안구운동 민감소실 및 재처리 요법(EMDR)'으로 표기했다.

6) 역자 주: REM 수면(급속 안구운동 수면)이란 깨어 있는 것에 가까운 얕은 수면 상태이며 안구의 빠른 운동에 의해 구분되는 수면의 한 단계이다. 이 수면 현상의 기능에 관한 한 가지 가설에 의하면 REM 수면 동안에는 각종 기억의 통합과 재처리가 이루어진다. 이 가설은 EMDR의 효능을 설명하는 한 가지 가설로 활용된다.

다고 이야기할 수 있는 것(예: 자전거 타는 방법)이지만 그것을 어떻게 할 수 있는지 말로 설명할 수 없는 것을 의미한다. 예를 들어, 내가 자전거에 앉아 페달을 밟을 수 있고 균형을 잡을 수 있기 때문에 "나는 자전거 타는 방법을 안다."라고 말할 수 있다. 그러나 그것이 곧 자전거를 타는 방법에 관한 기억을 묘사하는 것은 아니다. 자전거를 타는 방법에 대한 기억은 단지 균형을 잡는 것 이상이며, 말로 설명할 수 없는 무의식적 고유수용감각적(proprioceptive)[7] 기제가 관여된다. 우리가 자각할 수 있는 기억은 세상에 관한 사실적인 정보(의미기억, semantic memory)나 개인적인 사건에 대한 기억(일화기억, episodic memory) 중 하나이다.[8] 상담과정에서 주로 이야기되는 기억들은 그 특성상 일화기억이다. 내담자는 자신이 경험한 사건과 그에 수반된 감정에 대해 이야기한다.

우리는 모두 결코 잊지 못할 몇몇 생생한 기억을 가지고 있다. 이 기억들은 가족 모임이나 오랜 친구들과의 만남에서 되살려지곤 한다. 우리는 어떤 사건에 대해 세세한 부분까지 완벽하게 기억한다고 믿지만, 우리의 기억에는 상당한 결함이 있을 가능성이 더 높다. 이런 현상을 이해하려면 우리는 먼저 서술기억의 신경생물학에 대한 기초적인 이해가 선행되어야 한다. 우리가 어떤 사건을 경험하면, 그 경험에 관한 기억은 내측 측두엽의 피질하 구조인 해마에 형성된다. 이 기억은 그 사건과 관련된 모든 상세하고 세부적인 감각 정보를 포함하고 있다.

---

7) 역자 주: 고유수용감각의 proprioception이란 라틴어 proprius(one's own, 자신의, 자신이 가진)에서 유래된 proprio와 perception(지각)의 일부인 -ception이 합쳐진 말로서 자기움직임과 신체 위치에 관한 감각을 의미한다. 1932년 노벨 생리학상 수상자인 Charles Scott Sherrington은 1906년 자신의 저서 『The Integrative Action of the Nervous System』에서 인간의 지각을 'extroception(몸 밖에서 오는 자극에 관한 지각)' 'interoception(내장기관으로부터 오는 자극에 관한 지각)' 그리고 'proprioception(근육, 힘줄 등의 움직임으로부터 오는 감각)'으로 나누어 소개했다.

8) 역자 주: 기억의 유형은 다음과 같이 나타낼 수 있다.

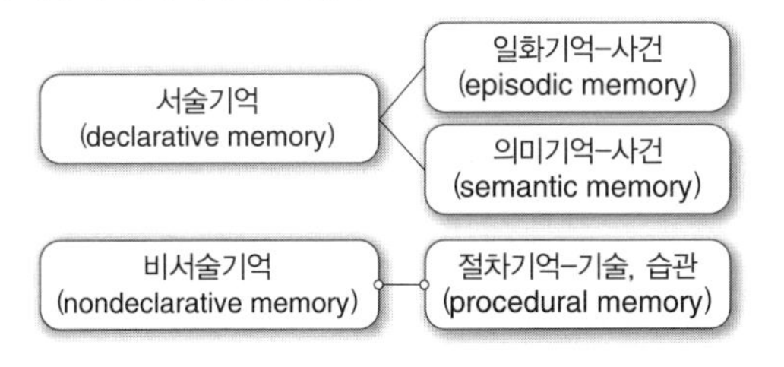

예를 들어, 당신의 최근 생일에 관한 당신의 기억에는 생일을 함께 보낸 사람들에 대한 시각적 정보, 파티에서 일어난 일들에 대한 청각적 정보 그리고 생일 케이크의 맛과 냄새에 대한 정보가 포함되어 있을 것이다. 이 기억이 장기기억이 되려면 일종의 통합적 공고화(consolidation) 과정이 일어나야 한다. 이 과정은 상당히 광범위하지만, 여기에서 핵심 메시지는 기억을 구성하는 부분들이 결국 해마에서 피질의 다른 곳으로 이동한다는 점이다. 즉, 시각적 기억은 시각 피질(후두엽)에 저장되고, 청각적 기억은 청각 피질(측두엽)에 저장된다. 설치류 연구 결과들을 살펴보면, 이 통합적 공고화 과정은 기억이 형성되고 30일 이내에 일어나는 것으로 보인다. 즉, 특정 과제를 학습한 후 30일 이내에 해마에 손상이 있으면 그 과제에 관한 기억이 손상되지만, 30일 이후에 발생한 해마 손상은 기억 회상에 아무런 영향을 미치지 않았다(Rubin & Terman, 2012).

인간중심 상담

Rogers(1951)가 자신의 이론에서 제시한 주요 명제들은 상담과정에서 내담자 성장의 필요충분조건으로 작용하는 몇 가지 핵심 요소가 있음을 시사하고 있다. 그러한 조건들에는 공감, 무조건적 긍정적 존중, 일치성과 같은 요소들이 포함되어 있다. 전문상담사들은 엄격하게 Rogers의 인간중심 접근 방식으로만 상담을 진행할 수도 있지만, 많은 전문상담사는 Rogers의 핵심 요소들을 그들이 평소에 사용하는 다른 상담이론(예: 게슈탈트, Adler, 인지행동치료 등)과 함께 활용한다(Murdock, 2012).

인간중심 상담(person-centered counseling)은 상담에 관한 인본주의적 접근을 대표한다. 이 이론의 핵심에는 내담자가 좀 더 긍정적인 삶의 방식을 향해 성장하고자 끊임없이 노력하는 상태에 있다는 가정이 자리 잡고 있다. 내담자들이 상담실로 가져오는 문제들은 저마다 다르지만, 인본주의적이고 특히 인간중심적인 접근 방식은 내담자가 현재 살고 있는 삶과 원하는 삶 사이의 불일치에 관한 자신의 생각, 감정 및 방향을 명확히 알 수 있도록 돕는다(Rogers, 1951). 우리는 이제 인간중심 상담이 실제로 뇌에 긍정적인 영향을 미친다는 사실을 측정할 수 있게 되었다.

지난 수십 년에 걸쳐 우리가 신경 발생(neurogenisis)에 대해 많은 지식을 갖게 되었다는 사실은 우리를 흥분시킨다. 이러한 지식은 그러나 단지 흥분을 넘어 왜 특정 내담자들이 특정 유형의 상담에 더 잘 반응하는지를 이해하는 데 도움을 주고 있다. 뿐만 아니라 "성체 신경 발생(adult neurogenesis)의 조절은 자기강화적(self-reinforcing)이다."라는 주장(Kempermann, 2011, p. 1022)으로 인해 우리는 이제 Rogers와 다른 인본주의자들이 내담자가 자신의 문제에 대한 해답을 갖고 있다고 한 의미를 보다 명확히 이해할 수 있게 되었다. 내담자는 자신, 타인 그리고 세상에 대해 보다 일관된 관점을 발달시키면서 자신의 문제를 더욱 잘 이해하게 된다. 이런 식으로 뇌는 현재의 상황뿐만 아니라 미래에 발생할 수 있는 유사한 문제들을 다루는 데에 도움이 되는 신경 연결과 경로들을 더욱 잘 만들어 낼 수 있다.

해결중심 단기치료

해결중심 단기치료(solution-focused brief therapy: SFBT)와 관련된 과정들에 내재되어 있는 기본 개념들에는 긍정적 대화, 이야기, 기억, 의미 등을 성장지향적인 것으로 재구성하기, 내담자가 자신의 목표와 일치되는 삶을 상상해 보고 살아갈 수 있도록 돕기 등이 포함된다. 상담사는 일차적으로 내담자에게 그가 자신의 문제를 해결하는 과정에 있다는 것을 시사하는 철학을 강조하면서, 내담자가 자신의 고통과 문제로부터 벗어난 상태를 상상하는 데에 도움이 되는 기적 질문(miracle question)과 척도 질문(scaling question) 등의 기술들을 사용한다.

현재까지 축적된 뇌과학 및 심상에 관한 연구결과는 고통이 곧 경감될 것이라는 암시 같은 단순한 행위도 내담자가 신체적 고통을 받아들이는 방식과 그것에 대처하는 방식에 큰 영향을 끼친다는 사실을 시사한다(Wager et al., 2004). 이러한 연구결과는 심리적 고통에도 적용될 수 있을 것으로 보인다.

Wager 등(2004)은 위약(placebo) 사용이 실제로 인식된 통증(예: 뜨거운 냄비 손잡이)에 미치는 영향을 살펴보았는데, 개인이 받을 고통 수준에 대한 예상에 기초하여 뇌가 그 영향을 조절한다고 밝혔다. 위약을 사용한 연구에서 연구자들은 뇌 자체가 연구 참여자들이 겪는 상당한 수준의 고통을 조절하는 내재된 기술을 가지고 있다는 점을 발견했다. 또한 (위약이 참여자들로 하여금 그런 행동만 하게 하는 것인지, 아니면 실제 그 이상의 효과가 있는 것인지는 위약 연구의 쟁점 중 하나였는데) fMRI 기법이 도입됨으로써 연구 참여자들은 단순히 위약이 효과가 있는 것처럼 행동만 하는 것이 아니라 뇌가 실제로 몸의 감각기관(예: 손에 있는 신경)으로부터 고통의 일정 양만을 허용한다는 사실이 명확해졌다. 참여자들이 큰 고통을 예상할 경우, 뇌는 통증에 민감한 뇌 부위로 허용되는 통증의 양을 조절하지 않았으나 통증이 거의 없거나 전혀 없을 것으로 예상하도록 한 참여자들의 뇌는 극적으로 고통을 제한하고 통증에 민감한 영역으로 통증 신호들을 적게 보내는 것으로 나타났다.

이 연구는 효과적이고 일관된 긍정적 대화 그리고 내담자의 강점을 강조함으로써 희망과 격려를 제공하는 새로운 틀을 통해 내담자의 (심리적) 고통이 완화되고 변화될 수 있다는 해결중심 단기치료의 전반적인 관점을 뒷받침해 주고 있는 것으로 보인다. 여러 연구자는 문제가 되고 있는 생각/감정에 대한 새로운 통찰 또는 재구성이 내담자의 뇌에서 신경세포의 조직을 증가시키고 새로운 신경세포들을 더욱 신속히 만들어 낸다고 밝혔다(Rossi, 2005; Centonze et al., 2005). McGaugh(2000)는 내담자가 새로운 관점과 통찰을 하는 경우 해마에서 변화가 거의 즉각적으로(몇 시간 내에) 일어난다는 사실을 발견했다.

애착과 삶의 단계

내담자와 중요한 '타인' 간의 애착관계(혹은 애착의 부재)를 다루는 이론들은 해결되지 않은 아동기의 문제로 인해 현재의 문제 행동이 유발될 수 있음을 시사하고 있다. 이 관점에서 내담자는 불신 또는 안전하지 않은 느낌을 경험하며, 더 나아가 타인과 유용하고 건강한 관계, 즉 애착(attachment)을 형성하지 못하는 것으로 간주된다. 이러한 애착 형성 능력의 한계는 혼자 고립된 것 같은 느낌을 유발하고 심각한 정신건강 문제로 이어질 가능성을 예고한다.

많은 이론가는 인간이 한평생 동안 거쳐 가는 단계들을 묘사하였다(예: Freud의 심리성적 단계, Erikson의 심리사회적 단계, Kohlberg의 도덕성 발달 단계). 전문상담사들은 이러한 단계들을 알아차릴 수 있고 다룰 수 있지만, 우리는 모든 선형적 발달 단계 모형에 관련된 중요한 주제를 이해하는 데 필요한 신경과학적 지식을 최근에서야 축적할 수 있었다. 각 이론에서 제시된 각각의 단계는 별개로 여겨질 수 있지만, Freud와 Erikson은 각 단계가 어느 정도는 이전 단계의 기초 위에서 발달한다는 점을 분명하게 주장했다. 예를 들어, 자신과 타인에 대한 신뢰감(trust of self and others)을 발달시키지 못한 내담자는 아마도 자율성(autonomy)을 발달시키는 데에도 어려움을 겪을 것이다(Erikson, 1980).

이제 신경과학은 삶의 초기에 나타나는 관계 형성에서의 실패가 이후 삶에 중요한 영향을 미치는 이유를 조금 더 잘 이해하기 시작했다. 그러면서 이러한 내담자들에게 사용되고 있는 상담과 심리치료 기법의 유용성에 관한 증거들도 더욱 축적되기 시작했다.

Kempermann(2011)은 신경 발생(즉, 평생 진행되는 새로운 신경세포 생성과정)의 핵심 요소 중 하나가 "여러 발달 단계에서 일어나는 성체 신경 발생의 조절은 부가적(additive)이며, 후기 단계는 이전 단계에 의존"(p. 1021)한다는 점이라고 주장하였다. 이것이 평생 진행되는 뇌 발달과 관련하여 의미하는 바는 신경 발생은 평생 지속되지만, 이전 단계에서 제한된 수준으로 발달된 부위에서는 새로운 신경 연결들이 형성될 가능성이 훨씬 적다는 점이다. 우리는 나무 심기 은유를 통해 이 과정을 좀 더 명료하게 이해할 수 있다. 우리가 두 개의 다른 토지(각각 25에이커[9])를 가지고 있다고 하자. 만약 한쪽 토지에는 백 그루의 사과나무를 심고, 다른 쪽 토지에는 한 그루의 사과나무만을 심었다면, 결국 더 많은 나무를 심은 토지에서 '새로운' 나무들이 자라날 가능성이 훨씬 더 높을 것이다. 흥미롭게도, 내담자를 어린 시절로 데려가 그의 문제를 다시 다루는 이론과 기법은 어쩌면 토지를 다시 일구어 새로운 나무들을 심는 과정과 유사할 수 있다.

심상, 마음챙김 및 명상

전문상담사는 때때로 회기 내에서 또는 숙제로 내담자에게 그가 지금까지 사용했던 것들과는 다른 해결책, 새로운 행동, 또는 새롭게 존재하는 방식을 상상하도록 한다(McHenry & McHenry, 2006). 긍정적인 심상(imagery)은 내담자가 원치 않는 행동을 바꾸게끔 할 때 상담사가 사용할 수 있는 매우 유용한 도구이다. 흥미롭게도, Pascual-Leone 등(2005)은 단순히 내담자가 피아노를 연주하는 것을 상상하도록 함으로써 뇌의 일부분(예: 운동 피질)에서 일어나는 신경 발생을 증가시킬 수 있다는 것을 발견하였다. 마음의 힘을 사용하여 긍정적인 이미지와 휴식을 유발하는 과정은 뇌에 긍정적인 영향을 추가적으로 줄 수 있다.

예를 들어, 마음챙김은 여러 이론적 접근, 종교 및 존재 방식(예: 요가, 불교 등)에 존재한다. 마음챙김과 조율(attunement)은 내담자가 자신의 감정, 생각, 반응을 온전히 경험할 수 있는 명상 상태로 정의되며, 본질적으로 현재 순간에서 마음과 몸을 완전히 연결시킨다.

마음챙김(mindfulness)의 기본 전제는 자신 및 타인 모두와 함께 존재하는 행

9) 역자 주: 1에이커(acre)는 4046.86m^2이다. 25에이커(101,171m^2)의 토지란 (토지의 형태가 정사각형이라고 할 때) 한쪽 변의 길이가 약 318m 정도 되는 넓이의 토지이다.

위이다. Seigel(2007)은 자기최면, 점진적 이완 및 주의 기울이기와 유사한 총괄적 개념인 조율에 대해 여러 측면을 제시하였다.

Lutz 등(2004)은 자애명상(loving kindness meditation)을 실천하는 사람들(예: 스님)이 장기적으로 명상을 하면 동기화된 신경세포(synchronized neuron)의 양이 현저히 증가하는 것을 발견하였다. 이러한 신경 일관성(neuro-consistency) 상태는 명료하면서도 통합된 심리적 명확성을 나타낸다고 제안된 바 있다(Williams et al., 2005). 이 연구의 참여자들은 명상을 수년간 해 온 사람들이었지만, Begley (2007)는 명상 상태에서뿐만 아니라 명상 중이 아닐 때도 신경동기화가 존재한다는 사실을 발견하여 스님들의 뇌에서 실제로 변화들이 일어났음을 분명히 시사하였다.

인지행동치료

인지행동치료(cognitive-behavioral therapy: CBT)가 수반되는 과정에는 내담자가 자신의 사고과정을 보다 잘 이해하고 자신의 의사결정에 관해 상위인지의 관점에서 숙고(meta-reflection)[10]하며, 사고와 감정을 사건들과 연결시키는 일을 하게끔 돕는 것이 포함된다(Murdock, 2012). 이러한 임상적 접근은 뇌화학뿐만 아니라 뇌의 전반적인 구조에도 영향을 미친다. De Lange 등(2008)은 만성피로 증후군을 앓고 있는 여성들[이들은 주로 대뇌 위축(cerebral atrophy) 증상을 보인다]을 대상으로 수행한 연구에서 인지행동치료가 지속적인 영향을 미친다고 보고하였다. 연구자들은 인지행동치료를 받은 참여자들의 회백질 부피가 현저히 증가하는 것을 발견하였는데, 알려진 대로 회백질의 증가는 인지 기능의 수준과

10) 역자 주: 여기서 'meta-'는 meta cognition, meta psychology 등에서 사용되는 접두사로, 이들 용어는 상위인지, 메타인지, 초심리학 등으로 번역된다. meta-reflection은 메타숙고라고 직역할 수 있는데, 어색함을 줄이기 위해 '상위인지의 관점에서 숙고하며'로 번역했다.

속도를 향상시켰다. 이러한 연구 결과는 인지행동치료가 우울증으로 고통받으면서 점차적인 인지 기능의 퇴화를 경험한 내담자들에게 긍정적인 영향을 줄 수 있다는 주장을 지지한다(Goldapple et al., 2004).

Schwartz와 Begley(2002)는 마음챙김을 강조한 인지행동치료 접근법으로 상담을 받은 내담자들을 연구하였다. 강박장애를 가지고 있던 이 내담자들은 안와전두 피질(orbital frontal cortex)과 선조체(striatum)에서 실질적인 변화를 경험하였다. 뇌의 이 두 부위는 일반적으로 강박증 환자의 뇌에서 지나치게 활성화되어 있는 부분이다.

놀이/표현예술

다수의 저자는 아이들과 작업하기 위한 가장 좋은 접근법으로 놀이(play)의 활용을 권장하였다(Landreth, 2012; Henderson & Thompson, 2011). 아이들은 그들의 발달 방식과 요구에 적합한 치료적 환경에 보다 잘 반응한다는 것이 학자들의 지배적인 의견이다(Landreth, 2012). 하지만 아이들에게 놀이라는 접근법이 효과적이라는 일반적인 지식을 넘어서서, 최근 연구에서는 아이들과 작업할 때 대화를 활용한 치료보다 놀이를 활용한 치료 환경이 어떤 기제(mechanism)를 통해 더욱 효과적인지를 탐색하고 있다.

발달 관점에서 보면, 아이들의 두뇌는 결코 완전히 발달된 상태가 아니다. 실제로 언어(측두엽)나 주의집중(Grey, 2010)과 관련된 주요 구조 중 일부는 훨씬 늦게까지 완전히 발달되지 않는다. 이것은 그 자체로 어떤 문제에 대해 아이들과 이야기를 통해 해결하려고 하는 시도를 줄이고 그들에게 놀이 경험을 제공함으로써 문제를 정리하는 기회를 주어야 할 충분한 이유가 된다. 그러나 아이들의 뇌가 성인의 뇌와 달리 깊이 있고 의미 있는 언어를 처리하는 데 상당한 제한이 있고, 오히려 놀이를 통해 더욱 잘 상호작용한다는 점에 대해 좀 더 깊이 살펴

볼 필요가 있다.

Blumenfeld(2002)는 아이의 신피질은 약 6개월 즈음에 발달하기 시작하여 20대 중반까지 계속해서 발전한다고 제안하였다. 신피질은 정서를 이해하고, 대상에 이름을 붙이며, 언어를 형성하고, 전략적으로 사고하는 것과 같은 인지의 주요 측면들을 담당한다. 본질적으로 변연계(감각)와 신피질을 연결하는 신경 경로들은 신피질을 발달시키는 과정에서 아이의 일생에 걸쳐 형성된다. 그리고 뇌와 몸이 삶의 경험을 통해 학습을 하면서 신경 연결들은 더욱 견고해지고 정교해진다(Grey, 2010). 그러나 아이들은 아직 이러한 신경 연결들이 온전히 다 발달하지 않았기 때문에 (신경학적 관점에서 볼 때) 정보를 언어적으로 처리하거나 어떤 문제를 해결하기 위한 계획 또는 전략을 세우는 능력은 부족한 것으로 추정된다(Grey, 2010).

전문상담사들은 시각적 자극, 정서적 반응(감정을 말로 표현하는 방식은 아닐 수 있음) 및 운동감각적 학습을 통해 아이들의 주요 뇌 기능에 가장 쉽게 접근할 수 있다(Hammond, 2008). 아이들이 앞서 설명한 대로 정보를 환경으로부터 습득하고 신경 연결들을 발달시키는 것을 고려한다면 이는 설득력 있는 이야기이다. 또한 놀이치료, 음악치료, 모래치료 등의 표현예술(expressive arts)을 활용한 치료적 접근들이 실제로 아이들의 뇌 기능과 발달에 밀접하게 연관되어있다는 것을 알 수 있다.

결론

신경생물학과 상담 분야에서 각각의 이론적인 접근이 뇌에 영향을 미치는 방식을 완전히 이해하기까지는 여전히 갈 길이 멀다. 물론 사람의 뇌는 각각 독특하기 때문에 특정 상담 접근이 개개인의 내담자에게 정확히 어떤 영향을 초래하는지 확신할 수는 없을 것이다. 상담 분야에서 애매한 부분은 계속해서 존재할 것이다. 그럼에도 현 시점에서 오랜 세월 건재한 상담이론들은 내담자의 뇌 구조와 화학적 특성에 긍정적인 영향을 미치고 있는 것으로 보인다.

복습을 위한 질문

1. 당신이 주로 활용하는 특정 상담 기술을 떠올려 보자. 그것이 뇌의 어떤 부분에 영향을 미치며, 이와 관련하여 어떤 증거들이 있는가?
2. 뇌의 특정 부분을 의도적으로 겨냥하기 위해 당신이 사용할 수 있는 접근을 적어도 두 가지 생각해 보라.
3. 상담 기술, 기법, 이론적 토대가 당신의 내담자의 뇌에 미치는 영향에 대해 어떤 것들을 더 알고 싶은가?

제5장 정신건강의 신경생물학 및 신경심리학적 측면

정신건강과 관련된 문제는 약간의 불편감에서부터 심각한 정신병까지의 범위를 모두 포함한다. 내담자들이 상담에서 호소하는 심각한 정신건강 문제 중 다수는 DSM-IV-TR(정신장애의 진단 및 통계 편람 제4판 수정판)[1]에 포함되어 있다. 그리고 그 문제들의 대부분은 특정한 뇌의 상태라는 관점에서 이해되고 있다. 이 장은 독자들에게 중요하고 다양한 몇몇 심리적 문제를 망라하는 중요한 정보를 제공하고자 한다. 어떤 경우에는 문제의 기원이 원인과 반드시 관련된다고 할 수 없지만, 그럼에도 문제와 관련되는 부위를 인식한다면 문제해결이나 상담과정을 내담자의 필요에 더 적합하게 진행할 수 있다.

수많은 연구문헌은 다양한 정신건강 문제와 밀접하게 관련된 부위뿐 아니라 아무런 관련이 없는 뇌 부위들에 관해서도 기술하고 있다. 예를 들면, 연구자들은 PTSD를 경험한 아동은 겪지 않은 또래에 비해 뇌량의 크기가 작다는 점을 밝혔다(De Bellis et al., 2002). 그러나 여기서 유의할 점은 그 두 가지 사이에 상관이 있더라도 그것이 인과적인 관계를 의미하지 않는다는 점, 그리고 더 중요하게는 앞서 제시한 정보가 PTSD를 겪는 모든 아동의 뇌량 크기가 정상보다 작음을 나타내는 것은 아니라는 점이다. 이 주제와 관련하여 우리는 이 장을 비롯한 다른 모든 장에서 제시되고 있는 정보들이 유사한 상황에 처한 모든 내담자에게 일반화할 수 있는 절대적이고 과학적인 사실이라기보다 하나의 참고할 지침

1) 역자 주: 2013년에는 DSM-5가 출판되어 현재 사용되고 있다.

이며, 여러분이 전형적으로 채택하는 임상 접근에 추가해서 고려할 사항 정도로 활용해 주기를 바란다.

하향식 대 상향식 접근

여러 가지 중요한 정신건강 문제의 특성을 다루기 전에, 우리는 뇌의 변화에 관한 하향식 접근(top-down approach)과 상향식 접근(bottom-up approach)의 차이점부터 논의해야 한다. 차이점의 핵심은 결국 변화를 촉진하는 방법이 생물학적인 것인지 또는 환경적인 것인지와 관련된다.[2] 하향식 접근에서 전문상담사는 내담자의 사고, 감정, 행동 측면을 변화시킴으로써 결과적으로 뇌 기능과 화학작용의 변화를 유발하는 기법과 기술을 사용한다. 한편, 상향식 접근은 약물을 사용하여 뇌의 화학작용과 기능을 촉진하고 변화시킴으로써 결과적으로 내담자의 사고, 감정, 행동 변화를 유발한다(Kay, 2009). 이 두 가지 접근의 차이를 고려해야 할 몇 가지 중요한 이유가 있다. 그 어떤 정신건강 문제도 한 가지 방법으로만 접근할 수 없다. 한 내담자에게 효과적인 단계와 전략도 다른 내담자에게는 비효과적일 수 있다. 많은 상담 실무자가 알고 있듯이, 상담과정은 효과적이고 면밀한 검토를 거쳐 사용되는 약물의 도움을 받으면서 진행된다. 접근방법(하향식, 상향식 또는 이 둘의 조합)에 상관없이, 우리는 뇌에서 변화가 발생한

2) 역자 주: 이 책에서는 변화 촉진방법이 환경적일 때 하향식, 생물학적일 때 상향식이라고 구분하고 있지만 다른 여러 연구자(예: van der Kolk, 2014; Panksepp, 1998 등)는 변화를 촉진할 때 뇌의 상부에 위치한 피질(인지적 측면)에서 피질하(정서적/생물학적 측면) 부위로 정보가 전달되는 경로를 활용하는 방식을 하향식, 피질하 부위에서 피질로 정보가 전달되는 경로를 활용하는 방식을 상향식으로 구분하기도 한다. 후자의 구분 방식에 의하면 상향식 방법에는 약물 외에도 의식할 수 있는 인지가 아닌 의식 외적 경로를 활용한 관계 체험이나 신체를 활용한 방법 등도 포함될 수 있다.

Panksepp, J. (1998). *Affective Neuroscience: The Foundations of Human and Animal Emotions*. New York: Oxford University Press.

van der Kolk, B. A. (2014). *The body keeps the score: Brain, mind, and body in the healing of trauma*. New York: Penguin Books.

다는 것은 곧 특정 체계를 갖춘 일련의 사건이 동시에 발생하고 전개됨을 뜻한다는 사실을 인식해야 한다. 예를 들면, 향정신성 약물이 뇌의 특정 부분에 직접 영향을 끼칠 수 있으며, 상담 역시 이와 유사한 방식으로 뇌의 특정 부분에 영향을 끼칠 수 있다(예를 들면, 측두엽에서 정서를 처리할 때 이런 일이 발생한다). 그러나 뇌의 여러 부위가 연결되어 하나의 체계를 구성하고 있다는 특성 때문에 그러한 뇌의 특정 부분뿐 아니라 뇌의 다른 영역까지도 직접적으로 또는 간접적으로 영향을 받게 된다. 어깨 통증을 줄이려고 복용한 아스피린은 어깨 신경이 감지한 고통을 뇌까지 전달하는 과정에 긍정적인 영향을 끼칠 수 있다. 그러나 그 아스피린은 몸 전체의 혈액 농도에도 영향을 준다. 이와 비슷하게, 뇌의 한 부위에서 발생한 화학적 변화는 다른 부위에서도 화학적 변화를 유발한다. 결과적으로 상담이 뇌의 여러 부위에 영향을 끼친다는 점을 고려한다면, 우리는 구체적인 한 부위, 한 개의 엽(lobe) 또는 특정 반구만을 표적으로 삼아 영향을 끼치려고 시도하겠지만, 실제로는 그 시도로 인해서 뇌의 다른 부위도 동시에 영향을 받을 개연성이 크다는 점을 받아들일 수밖에 없다. 예를 들면, 이미 많은 상담사가 알고 있듯이 과거의 기억에 초점을 맞출수록 (측두엽에서 처리되는) 내담자들의 정서 반응은 대체로 증가하며 내담자의 전두엽 부위도 변화한다는 점은 거의 확실하다. 왜냐하면 과거에 관한 기억과 정서적 정보는 내담자가 이미 가지고 있는 논리적 · 인지적인 틀(frame)의 영향을 받아 처리되기 때문이다. 한 부위의 변화가 다른 영역의 변화를 유발하는 현상은 상담 자체에서도 발생하는데, 이런 현상은 상담의 체계적 접근에서 잘 포착하고 있다. 예를 들면, [가족이라는 체계의 한 부분인] 아버지가 자신의 분노를 좀 더 책임감 있게 다루는 법을 배우면, 변화된 그의 행동은 다른 가족 구성원에게도 영향을 주어서 [가족 전체가] 지금까지와는 다른 방식으로 상호작용하게 된다.

생각해 볼 주제

어떤 직장에서 일하든, 또 어떤 역할을 담당하고 있든, 당신이 전문상담사라면 당신은 내담자가 사용하는 향정신성 약물에 관해 알고 또 설명할 수 있어야 한다. 신경생물학 영역에서 이루어진 최근 연구에 의하면, 의학과 상담은 뇌의 화학적 · 구조적 측면에서 매우 다른 영향을 끼친다. 상담에서는 '개입에 관한 상담사의 모든 선택이 당신을 방문한 개별 내담자의 특성에 따라 달라진다.'는 것이 일반적인 원칙이지만, 그와 동시에 다음과 같은 질문도 숙고해 보기 바란다. 대체로 당신은 내담자가 약물을 사용하는 것을 미묘하게 조장하는가, 아니면 가능하면 사용하지 않게 하려고 노력하거나 내담자의 약물 사용에 관해 관심을 거의 두지 않으려고 하는가?

신경 가소성

정신건강 문제를 가진 내담자를 돕는 과정을 이해하려고 할 때, 우리는 뇌가 전 생애에 걸쳐 구조적 · 기능적으로 변할 수 있는 놀라운 능력을 가지고 있음을 인식하는 것이 얼마나 중요한지 반복해서 강조하고자 한다(3장 참조). 신경세포가 인접한 세포와 연결되거나 단절될 수 있다는 사실은 수십 년 전부터 알려져 있지만, 해마나 후각 신경구(olfactory bulb) 부위의 경우 나이에 상관없이 매일매일 새로운 신경세포가 생성되는 현상, 즉 신경 발생이 일어난다는 사실은 아주 최근에 발견되었다. 뇌의 다른 부위에서도 신경 발생 현상이 나타난다는 연구 결과도 있으나, 그 연구 결과는 아직 논란의 여지가 있다. 그럼에도 불구하고 앞으로의 연구에서는 신경 발생이 국지적 현상이 아니라 뇌 전체 부위에서 발생하는 현상이라고 볼 수 있을 만한 충분한 증거가 나타날 수도 있다. 한편, 성인기에 나타나는 신경 발생이 기능적으로 이로운지에 대해서도 논란의 여지가 있다. 대부분의 연구는 성인기에 발생하는 신경 발생이 이롭다고 보지만(Kerr et al., 2010), 다른 연구들에 의하면 이미 효과적으로 기능을 수행하는 회로가 추가적인 성장에 의해 부적 영향을 받을 수도 있기 때문에 실제로는 역효과를 초래할 수 있다고 한다.

초기 뇌 이론가들(예: von Gerlach와 Golgi)은 성인 초기에 도달하면 뇌가 물리적으로 변화할 수 없다고 생각했지만, 이제 우리는 다양한 유형의 경험이 뇌의 회로를 실제로 다시 배선하고 성장시키며 새로운 신경 경로(neuro-pathways)뿐 아니라 새로운 신경 자체를 발달시킨다는 사실을 알고 있다(Lopez-Munoz, Boya, & Alamo, 2006).

예를 들면, Maguire 등(2000)은 택시 운전기사의 경우 해마에서 신경 발생 현상이 나타난다는 증거를 제시했다. 운전기사들은 엄청나게 복잡한 도로의 지형을 기억해야 할 필요가 있기 때문에 공간 지각을 담당하는 부위인 해마는 생물학적으로 계속 발달할 필요가 있다. 공간 지각 능력과 기억이 대부분 해마에 의해 매개되는 과정이라는 사실을 감안할 때, 해마 부위에서 나타나는 신경 발생 현상은 기억을 저장할 뿐 아니라 잠재적으로는 기억 능력을 증진시키기 위한 것이라고 추측해 볼 수 있다.

이와 비슷하게, 새로운 연구들은 마치 보디빌더들이 무거운 역기를 들면서 근육을 발달시키듯이 인간의 뇌에서도 유사한 변화가 발생할 수 있다는 사실을 발견했는데, 이러한 사실은 우리가 삶의 특정 부분에 초점을 더 맞추고 주의를 집중함으로써 그런 활동에 가장 깊이 관여된 뇌 부위에서 새로운 신경세포와 신경 경로를 발달시킬 수 있다는 점을 시사한다.

신경 발생과정과 가소성에 관한 최근 연구는 생애 초기와 성인기에서 신경 발생 현상이 나타나는 방식이 발달 단계에 따라 서로 다르다는 점이 중요하게 언급되고 있다. 생애 초기에 나타나는 배아기 신경 발생은 주로 유전적 요인의 영향을 받는다. 성인기(청소년기 포함)의 신경 발생은 개인의 행동이나 환경과의 관여 정도에 기인하거나 그것들의 안내를 받는다(Kempermann, 2011). 따라서 새로운 신경세포 자체는 물론, 신경세포를 연결하는 경로가 발달하는 과정은 내담자들 주변에서 발생한 실제 사건 그리고 그런 사건에 관한 그들의 지각(개인적 해석)에 의해 조절된다. 여기에서 우리는 사건에 관한 지각이 중요하다는 발견과

게슈탈트 치료에서 제안한 전경 및 배경 개념 간의 유사성에 관해 주목할 수 있다. 게슈탈트 치료의 관점으로 상담하는 전문상담사에게는 내담자로 하여금 그들이 가장 주의를 많이 기울이는 요소(전경)가 무엇이며, 그 외에 초점을 맞추는 다른 요소(배경)가 무엇인지 자각하게끔 돕는 것이 중요하다.

이 개념의 이해를 돕기 위해 Kempermann(2011)은 성인기 신경 발생과정에 직접적인 영향을 끼치는 다양한 요인을 시각적으로 묘사하여 [그림 5-1]과 같이 제시했다. Kempermann의 연구를 수정하여 제시한 이 그림은 한 사람의 내담자에게 영향을 끼치는 일련의 요인을 보여 주고 있다. 물론 구름의 구체적인 모양은 내담자마다 달리 표현될 수 있다.

여기에서 우리가 유념해야 할 중요한 점은 신경 발생이 항상 긍정적이고 성장을 촉진하는 과정은 아니라는 것이다. 특정 정신건강 문제—예를 들면, 강박성, 과잉행동성, 우울이나 불안과 같은 정동장애, 공포증 등—를 호소하는 내담자들은 자신의 문제를 반복하고 악화시키는 방식으로 신경 발생이 진행된다.

[그림 5-1] 신경 발생에 관련되어 개인의 행동에 영향을 끼치는 여러 요인

많은 전문상담사도 알고 있듯이, 내담자들은 그들의 문제를 감당하지 못할 것 같다는 생각이 들거나 실제로 감당할 수 없을 정도로 심각해졌을 때에야 비로소 상담실을 방문한다. 또한 정신건강 문제들은 대체로 오랜 시간에 걸쳐 악화되고 축적되어 온 것이다. 따라서 이 문제로부터 내담자를 회복시키려면 그것을 장기간에 걸쳐 반복적으로 다룰 필요가 있다.

우리는 어디쯤 도달했는가

신경학적 상담의 관점에서 상담을 진행할 때 활용할 보편적인 진리와 접근법에 관해 우리가 얼마나 많은 정보와 지식을 가지고 있는지 돌아볼 때, 우리는 아직 이 분야가 상담에 관한 충분한 지침을 갖고 있지 않다는 사실을 자각하고 마음을 진정시켜야 한다. 따라서 저자들은 신경생물학적 지식에 관한 이해가 다음에 나오는 각 문제들을 겪는 내담자에게 어떻게 도움이 될지에 대해 설명하겠지만, 각 문제를 겪는 내담자를 '치료'하거나 회복시키는 명쾌한 기법이나 접근방법을 아직 갖고 있지 않다는 점에 유의하면서 기술할 것이다. 따라서 대표적인 정신건강 문제를 설명하는 아래의 절들에서 저자들은 각 문제를 해결하기 위해 내담자를 돕는 방법에 관한 확정적인 해결책보다 그동안 신경과학에서 제공해 온 몇몇 관점을 소개할 것이다. 그리고 이러한 정보를 온전한 형태로 통합하는 과제는 실무자인 여러분의 손에 맡기고자 한다.

우울

우울은 상담과정에서 언급되는 문제 중 가장 보편적이고 만연한 정신건강 문제 중 하나이다. 우울은 아동으로부터 노인에 이르기까지 삶의 모든 단계에 영향을 끼치는 것 같다. 더욱이 일부 사례에서는 내담자의 우울 상태가 시작된 시점이나 계기를 분명히 이해할 수 있지만, 많은 경우 우울한 기분이 시작된 분명한 기점을 찾기 어렵다. 뿐만 아니라 많은 내담자는 여러 해 동안이나 우울로 고통을 받아 왔다. 다음은 어떤 우울한 내담자의 사례이다.

존 사례

다음의 축어록은 존과 그의 상담사인 프레드가 세 번째 회기에서 나누었던 대화이다. 존은 이전에 우울증으로 진단받았는데, 상담 중에 여러 가지 전형적인 우울 증상을 프레드에게 직접 드러내거나 말로 설명해 주었다. 두 사람이 나눈 다음 대화에서 존의 기분, 에너지, 무기력감 등이 분명하게 드러난다.

프레드: 거의 매 순간 우울하다는 것이 어떤 것인지에 대해 좀 더 이야기를 해 봐요.

존: 저는 지쳤어요. 저는 제 삶이 얼마나 피곤한지, 제가 삶에 대해 얼마나 관심이 없는지 항상 생각하고 있어요.

프레드: 당신이 더 나은 삶을 살지 못하게 가로막는 무엇인가가 있는 것 같아요. 이전에 당신이 우울에서 빠져나오지 못하는 이유가 당신 자신과 가족 때문인 것 같다고 했는데요.

존: 네, 하지만 어떤 날, 그러니까 오늘 같은 날엔 저는 그저 기분이 가라앉고 뭔가를 시도하는 것 또는 실패하는 것 자체에 아예 관심이 없어요. 아무것도 제대로 되는 것이 없어요.

우울로 진단을 내리기 위해서는 내담자가 꽤 오랜 기간 동안 우울 상태에 빠져 있어야 한다는 조건에 부합해야 한다. 우울한 사람이 매일 겪는 우울 상태 또는 먹구름 상태는 대부분의 사람이 경험하는 단순히 기분 나쁜 하루 또는 힘든 한 주 정도의 수준을 뛰어넘는다. 어떤 경우에는 우울이 상황적으로 나타나지만, 다른 경우는 장기적인 우울도 있다. 우울한 내담자는 무망감, 무력감, 우울사고, 자살사고, 신체적 고통, 슬픔 등을 경험하며, 움직임이 느리고 꽤 둔한 상태를 보인다. 어떤 증거들은 우울증이 개인에 대한 환경적인 자극의 결과라는 관점을 지지하지만, 다른 연구들은 우울증이 내담자 뇌의 화학적 구성이 변화되었기 때문에 나타나는 것이라고 간주한다. 수많은 심리적 장애처럼 우울증 역시 환경적 요인과 생물학적 요인이 결합되어 나타날 수 있다.

존의 사례에서 우울이 생물학적 요인 때문에 처음 발생했든 또는 환경적 요인에 기인하여 시작됐든, 그의 우울이 (장기적 또는 주요우울장애 내담자의 사례처럼) 뇌의 생물학적 변화를 낳게 되었다고(resulted in) 가정한다면, 그러한 변화에는 비정상적 수준의 세로토닌(serotonin)이 관여되었을 개연성이 크다.

세로토닌

우울증으로 고통을 받는 많은 내담자에게 세로토닌은 우울의 원인이 되기도 하고 현재의 우울 상태를 치유할 수 있는 요소이기도 하다. 세로토닌은 뇌간에 있는 세포에 의해 생산된다(Alenina, Bashammakh, & Bader, 2006). 이러한 세포들은 특히 세로토닌의 변화에 매우 민감한 해마를 포함하여 뇌의 여러 영역과 상호작용한다. 세로토닌을 해마로 보내는 신경 경로가 파괴될 경우, 해마 속의 세로토닌 양은 급격히 감소한다(Moore & Halaris, 1975). 해마는 성인기 동안 새로운 신경세포의 생산 능력을 견인하는 뇌 영역 중 하나이다(van Praag, Kempermann, & Gage, 1999b). 이러한 신경 발생은 해마의 세로토닌이 감소할 때 심각하게 손상된다(Brezun & Daszuta, 2000). 해마 내에서 이러한 신경 발생 현상이 나타나는 정확한 이유는 알려져 있지 않지만, 해마가 기분을 좌우하는 기능은 있는 것 같다(Kempermann et al., 2003). 이러한 가설을 지지하는 증거는 뇌 영상 연구가 제공하는데, 이 연구들은 우울한 사람들의 해마 크기가 상당히 감소해 있음을 보여 준다(Sahay & Hen, 2007).

만약 해마의 신경 발생이 우울장애의 생물학적 기초라면 우울장애를 극복하기 위해 필요한 처방은 내담자가 운동을 하게끔 하는 것 정도로 단순할 것이

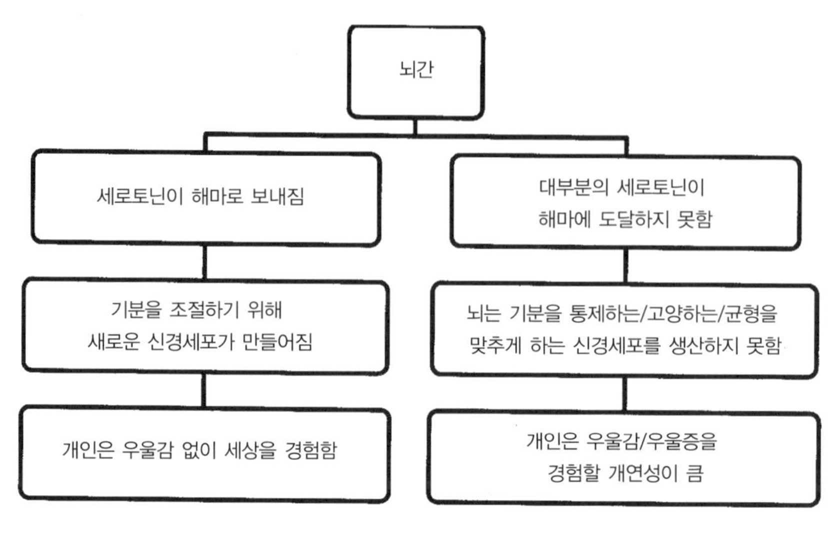

[그림 5-2] 뇌 속의 세로토닌 경로

다. 왜냐하면 운동은 해마 내 신경을 많이 증가시키기 때문이다(van Praag et al., 1999a). 물론 상담 실무자들은 그러한 처방이 생각처럼 그리 간단하지 않다는 사실을 알고 있다. 아이러니하게도, 우울로 고통받는 사람은 대부분 자리에서 일어나 운동을 할 에너지가 부족하다. 그러나 적절한 상담(예: CBT)과 효과적인 약물치료를 한다면 뇌는 화학적 구성의 측면에서 볼 때 좀 더 효과적이고 효율적인 세로토닌의 균형 상태로 회복될 수 있을 것이다. 여러 증거에 의하면 존이 신체활동을 좀 더 많이 하고 효과적인 약물 사용과 함께 상담을 받게 된다면 그의 해마는 새로운 신경세포를 더 많이 증가시킬 것이다. 만약 존이 항우울제까지 처방받는다면 신경 발생의 비율은 훨씬 더 높아질 것이다. 운동을 열심히 하는 사람들의 기분 상태가 항우울제를 복용하는 사람들만큼이나 좋아지는 현상은 놀라운 일이 아니다. 두 가지 개입은 모두 신경생물학적 수준에서 동일한 효과를 나타낸다(둘 다 신경 발생을 증가시킴). 더욱이 존의 뇌 속에서 추가적인 긍정적 신경활동이 발생하고 화학적 균형이 맞추어지면, 존은 상담 개입에 대해 효과적인 반응을 보일 뿐 아니라 상담 자체를 좀 더 잘 받아들이게 될 것이다.

우울에 관한 '세로토닌' 가설 외에 스트레스가 우울의 촉발에 중요한 역할을 한다는 증거들도 있다. 스트레스는 해마의 신경세포를 소멸시킬 뿐 아니라 (McEwen, 2000) 스트레스 반응을 매개한다(Sahay & Hen, 2007). 따라서 모두는 아니어도 최소한 특정한 내담자들에게는 강력하고 지속적인 우울 상태를 가중시키는 방향으로 피드백하는 뇌 기능 회로가 있는 것 같다.

우울-해마 크기의 감소-스트레스에 대한 비효과적 통제-스트레스 증가-신경세포의 독성 등은 우울한 기분이나 주요우울장애 때문에 고통받는 많은 내담자가 경험하는 순환적 회로이다. 여기에서 전문상담사(그리고 우울을 겪는 내담자와 상담하는 모든 전문가)가 주목해야 할 점 중 하나는, 만약 앞서 제시한 회로가 타당하다면 내담자들이 침대에서 일어날 수 없거나 그냥 더 이상 살아갈 수 없다고 호소할 때 그들이 생물학적 차원에서 스스로 통제할 수 없을 정도로 높아진 독성 상태에 있다는 사실이다. 이러한 사실은, 그리 희망적인 이야기는 아니지만 사람들이 자신의 고통을 종식시키기 위해 왜 자살을 시도하는지를 이해할 수 있는 실마리를 제공한다. 신경생물학적인 관점에서 이 회로는 내담자의 뇌에 독성이 쌓이는 것과 같은 극심한 수준의 고통이 될 수 있다.

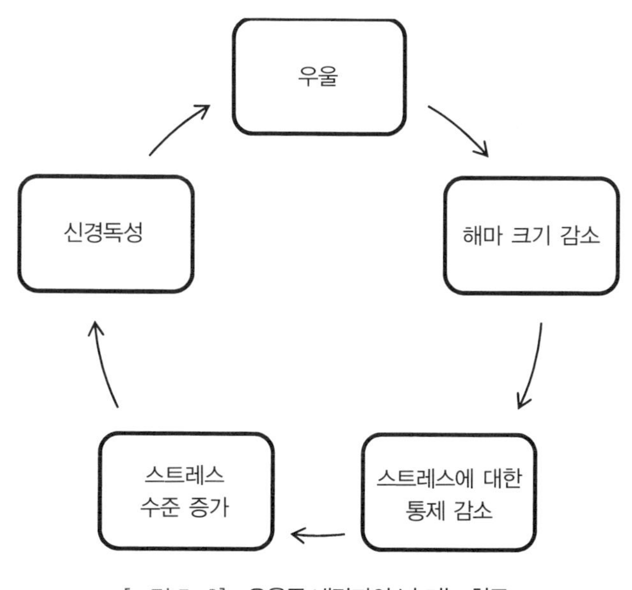

[그림 5-3] 우울증 내담자의 뇌 기능 회로

불안

인간의 경험은 불안을 얼마나 효과적으로 활용하는지 여부에 따라 그 질이 좌우된다. 불안은 우리가 어떤 프로젝트, 활동 그리고 일상생활을 잘 수행하게끔 해 준다. 이처럼 불안은 인간에게 긍정적인 기능을 하지만, 상담실을 찾는 내담자들 중 어떤 이들은 건강한 불안이 촉발하는 수준을 넘는 행동이나 사고 패턴 그리고 그와 관련된 일련의 활동을 보인다. Barlow(2002)에 의하면, 특정 내담자가 보이는 불안의 비효율성에는 현재 또는 (더 중요하게는) 미래에 발생할 부정적 결과에 관한 고착된 추측도 포함된다. 불안의 비효율성을 평가하는 진단 기준에는 반추(rumination), 현재 생활 기능의 심각한 손상 등이 포함된다(American Psychiatric Association, 2000). 부정적인 불안의 또 다른 측면으로는 앞으로 일어날 것 같은(그러나 현실에 근거하지 않은) 위험에 관한 사고뿐 아니라 근육이나 생리적 측면에서 나타나는 반응 등이 있다.

다음은 과도한 불안 때문에 고통받는 내담자와 상담사 사이에서 이루어진 대화의 예이다.

제니퍼 사례

제니퍼는 포부가 큰 대학원생이다. 그녀는 열심히 공부해서 학부와 대학원의 모든 강좌에서 A를 받음으로써 자신의 노력을 보상받았다. 그녀는 공부하고 수업을 위한 독서를 하는 데 많은 시간을 보냈다. 대학원에 입학하면서 그녀는 자신이 공부에 쏟는 시간 때문에 오히려 자신의 삶이 피폐해지기 시작한다는 사실을 깨달았다. 그녀는 학교생활과 이전보다 훨씬 더 빡빡해진 개인생활 사이에서 균형을 잡을 수 없었다. 그녀는 고등학교 때도 불안 때문에 힘들었는데, 그때 그녀는 응원팀과 토론팀의 주장이면서 오케스트라에서 제1플루트 연주자였다. 그녀의 새로운 상담사인 에이미를 만난 첫 회기에서 그녀는 자신의 불안 문제를 호소할 뿐 아니라 불안 증상을 실제로 보이기도 했다.

에이미: 제니퍼, 잘 지냈어요? 오늘 상담을 시작할 수 있어서 다행이에요. 지난번 우리가 전화하면서 요즘 제니퍼가 전반적으로 겪고 있는 일에 대해 이야기했는데, 오늘은 무슨 이야기를 하면 좋을까요?

제니퍼: (빠르고 서두르며 높은 소리로 외치듯이) 우선, 제가 몇 분 늦었는데 정말 죄송해요. 그러니까 이런 모습은 정말 저답지 않은 모습이에요. 시간을 내주셔서 정말 감사하고, 제가 이 상담을 당연해하거나 고마움을 모르는 사람으로 보지 않으시면 좋겠어요. (이 마지막 진술을 마쳤을 때, 그녀는 숨이 차 턱밑까지 올라오는 것 같았다.)

여러 임상가는 우울과 불안을 자매관계에 있는 문제로 생각한다. 이 두 가지는 동일한 연속선상에 있는 장애로 간주되어 왔다. 불안이 높아지면 무기력감, 에너지 수준 저하, 절망감 등으로 나타나는데, 이것들은 우울한 사람이 보이는 특성과 유사하다. 우울처럼 불안 행동 역시 환경(학습된 반응), 개인의 생물학적 측면, 또는 이 둘 간의 조합의 결과로 나타난다. 또한 우울과 마찬가지로 불안 역시 뇌 속의 세로토닌 저하로 인해 나타나며, 이를 치료하기 위해서 세로토닌 수준을 높이는 약물을 사용한다. 다만 우울이 해마 내 세로토닌 수준의 저하에 기인한다면, 불안은 주로 공포와 관련된 뇌 구조인 편도체 내의 세로토닌 수준의 저하와 관련된다.

편도체는 뇌 영역 중에서 오래된 부위이다. 이 부위는 유전적으로 작성된 부호를 저장하고 있으며, 수백만 년 전 조상들이 했던 행동과 직접 관련된 종류의 행동을 통제하는 것 같다. '파충류 뇌'의 일부로서 편도체가 활성화되면 불안이 증가한다. 이러한 사실은 파충류 동물들이 항상 경계 태세를 취하여 그들에게 해를 끼칠 만한 것들이 주위에 없는지 살피는 현상을 생각해 본다면 이해할 수 있을 것이다. 그러나 최근 들어서 이 부위의 과잉 자극은 사람들의 병리적 불안을 증가시키는 가장 중요한 요인으로 여겨진다.

제니퍼의 경우 불안을 처음 촉발한 것이 무엇이든 이 시점에서 그녀의 편도체가 작동하고 있다. 제니퍼에게는 몇 가지 접근이 효과적인데, 그중에는 상담, 신체활동, 약물의 신중한 사용 등이 포함된다. 스트레스에 대처하는 방법으로 알려진 것 중 하나는 운동이다. '항상 바쁜 마음'으로 과잉활동성을 보이는 사람에게 운동하게 하는 일이 역효과를 낳을 것처럼 생각될 수 있지만, 오히려 많은 내담자는 그러한 운동을 하면서 '스트레스를 날려 보낸다'고 보고한다. 실제로 운동을 하면 운동이 세로토닌을 증가시키고, 그 결과 편도체의 과잉활동성을 극복하게 하는 뇌 부위를 자극하게 된다.

Kjernisted(2006)는 우울을 호소하는 내담자의 85%가 진단을 내릴 수 있는 수준의 강한 불안 증상을 보인다고 했다. 불안과 우울이라는 두 가지 기분장애 사이에서 역설적인 것처럼 보이는 이러한 관계는 각각의 증상군이 서로 유사하다는 점에서 더 분명하게 드러난다. 더 나아가 불안과 우울로 인해 나타나는 행동적 · 인지적 특성들은 분명히 다름에도 불구하고, 이 두 가지 문제는 특정 향정신성 치료법을 적용할 때 그 반응이 비슷하다는 점도 주목할 필요가 있다.

Kjermsted(2006)는 세로토닌이나 노르아드레날린에 의해 효과가 나타나는 항우울제는 뇌의 내부적 기제의 작동에 유사한 방식으로 영향을 끼친다.[3] 좀 더 구체적으로 말하면, 이 범주의 약물들(특히 노르에피네프린)은 불안이나 우울을 악화시키는 신경전달물질의 극심한 '소음(noise)'을 제한함으로써 신경 회로 내의 정보 전달을 촉진한다.

Parihar 등(2011)은 최근 연구를 통해 해마의 신경 발생과 (연구자들의 용어로) '예상 가능한 만성 스트레스(predictable chronic mild stress: PCMS)' 간의 관련성을 발견했다. 이 연구자들은 해마가 기분 조절에 직접 영향을 끼칠 것이라는 가설하에 쥐를 대상으로 '예상 가능한 만성 스트레스'와 '예상 불가한 만성 스트레

3) 역자 주: 뇌의 신경전달물질 중 우울증과 밀접하게 관련된 대표적 물질에는 세로토닌, 노르에피네프린, 도파민 등이 있다. 항우울제는 이 물질들이 뇌 속에 적절한 수준으로 유지되게끔 함으로써 우울증을 경감시키는데, 구체적인 작용 방식에 따라 삼환계 항우울제, 모노아민 산화효소 저해제, 선택적 세로토닌 재흡수 억제제(SSRI), 세로토닌 노르에피네프린 재흡수 억제제 등으로 구분된다.

스(unpredictable chronic stress: UCS)'가 신경발생학적 측면에서 유발하는 결과를 측정했다. 연구 결과를 요약하면, 스트레스가 발생한 시점의 스트레스 유형(예: 직장 관련 스트레스처럼 예상 가능한 스트레스 vs. 가족 내 학대처럼 예상 불가능한 스트레스 중 하나)과 스트레스 정도는 해마에서의 신경 발생이 나타나게 할지, 아니면 신경 소멸을 나타나게 할지를 좌우했다. 그리고 해마에서의 신경 발생은 인지적 기술과 기억을 증진시켰다. 반면, 해마의 위축은 해마 내에서 새로 형성된 신경세포의 생존율을 급격히 감소시켰다. 따라서 '예상 불가한 만성 스트레스'를 겪은 내담자의 신경 가소성 수준은 낮아지는 것 같다. 여기에서 전문상담사가 유념해야 할 중요한 점 중 하나는 일상적인 환경적 조건 내에서 겪는 가벼운 스트레스는 오히려 새로운 신경세포와 신경 경로의 발달에 긍정적인 영향을 끼칠 수 있다[4]는 사실이다.

자폐 스펙트럼 장애[5]

자폐나 아스퍼거 장애로 진단된 내담자를 돕는 전문상담사는 이러한 아동이나 성인이 보통 사람에게서 전형적으로 볼 수 있는 의사소통이나 관계적 · 사회적 기술 측면에서 어려움을 겪고 있음을 즉시 알아차린다. 뇌 속에서 발생하는 역기능적 정보 전달이 자폐 스펙트럼 장애(autism spectrum disorder: ASD)를 유발한다는 유의한 증거들이 있다. 신경세포들은 신경 메시지를 보냄으로써 그들 간에 서로 이야기를 주고받는다. 예외적인 경우도 있으나, 신경 메시지는 세포체로부터 시작해서 축삭을 거쳐 세포 밖의 공간으로 신호를 내보내는 축삭 말단부(axon terminal button)로 전달된다. 이 신호는 인접한 세포가 받아 다음 세포로 전달한다. 신경 신호가 전달되는 속도는 대체로 축삭을 둘러싼 얇은 지방 조

4) 역자 주: 이러한 발견은 곧 인간은 적절한 스트레스가 있을 때 가장 효율적으로 학습한다는 사실과 일맥상통한다.

5) 역자 주: 자폐 스펙트럼 장애란 의사소통이나 타인과의 사회적 상호작용 능력에 저하를 보이는 장애를 의미한다.

직[6]에 의해 좌우된다. 만약 당신이 카펫이 깔린 바닥 위를 미끄러져 복도 끝 방에 있는 다른 사람에게 편지를 전달하려고 한다고 하자. 당신은 아마 그리 멀리 가지 못하거나 아니면 몇 번을 미끄러진 후에야 겨우 당신 친구에게 편지를 전달할 수 있을 것이다. 하지만 만약 그 마룻바닥이 버터로 흠뻑 젖어 있다고 하면 어떤 일이 일어날지 상상해 보자. 당신은 아마 매우 쉽고 빠르게 그리고 한 번만 미끄러지면 당신 친구 방까지 도착할 수 있을 것이다.[7] 이와 같은 방식이 신경세포의 의사소통에도 적용된다. 축삭을 둘러싼 지방질의 미끄러운 막이 세포의 한쪽 끝에서 다른 쪽 끝까지 신호를 효과적으로 전달할 수 있을 것이다. 이러한 사실이 왜 중요하고 자폐와 어떤 관련이 있는 것일까?

이 사실은 정말 중요한데, 그 이유는 최근 뇌 영상 연구가 자폐증 환자가 가진 뇌 부위의 백질(white matter)이 감소한 것을 보여 주기 때문이다. 자폐증 환자의 뇌 부위 중에서도 특히 소뇌(McAlonan et al., 2005)와 뇌량(Casanova et al., 2009)에서 백질의 감소를 보인다. 연결성 이론(connectivity theory; Just et al., 2004)에 따르면 자폐증은 뇌 전체의 역기능적 의사소통으로 인해 발생하는 결과이다. 우뇌와 좌뇌 간의 소통이 뇌량을 통해 이루어진다는 점을 감안하면, 자폐 스펙트럼 장애를 겪는 내담자의 뇌량이 정상인의 뇌량과 다를 것이라고 가정하는 것은 논리적으로 자연스럽다. 이러한 가정과 논리를 바탕으로 수행된 연구는 자폐증 내담자가 가진 뇌량의 크기가 상당히 축소되어 있음을 보여 준다(Casanova et al., 2009; Alexander et al., 2007).

[그림 5-4]는 자폐나 아스퍼거 장애로 진단받은 사람들의 뇌 구조에서 어떤 일이 발생하는지를 대략적으로 보여 준다. 양 반구 간의 소통과 조율을 담당하는 뇌량 기능의 실패나 약화로 인해 정보의 불균형이 발생하고, 그 결과 내담자는 좌절을 겪게 된다. 우반구가 더 많은 정보와 삶에서 이해와 기능에 필요한 '기

6) 역자 주: 이 지방 조직은 수초(myelin sheath)라고 부른다.

7) 역자 주: 이 책에서는 신경세포가 지방 조직으로 둘러싸여 있을 때 신경 신호가 빨리 전달되는 이유를 '미끄러운 바닥'으로 비유하고 있지만, 사실 수초는 전선의 누전을 방지하는 피복과 같은 기능을 함으로써 신호를 효율적으로 전달하는 데 기여한다.

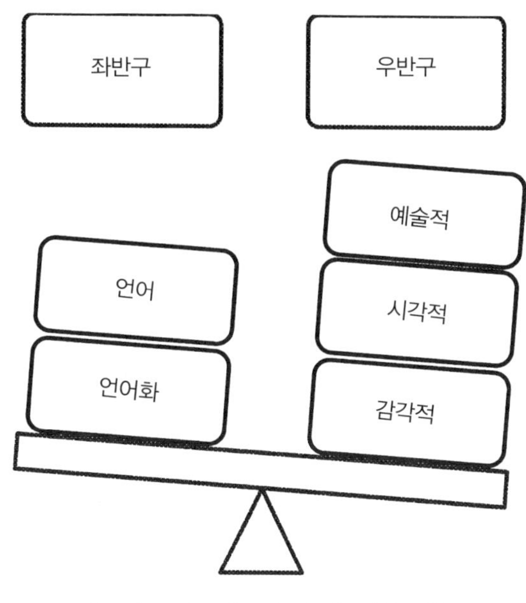

[그림 5-4] 반구 간 뇌 기능의 불균형

술'을 가지고 있는 한편, 좌반구는 좌우 반구에 연결이 제한되고 있기 때문에 그에 상응하는 정보를 갖지 못하게 된다.

또한 이 그림은 자폐 스펙트럼 장애 내담자와 소통하고, 그들이 효과적으로 삶을 꾸려 가게끔 하는 데 효과적이고 유용한 기제를 보여 준다. 내담자가 의사를 전달하고 이해하게끔 돕는 효과적인 그림, 시각 자극, 분명한 이미지를 만들어 사용하는 것이 매우 효과적이라는 것이 여러 사례에서 나타난다(J. Lance, 사적인 대화, 2012).

외상후 스트레스장애

Cook-Cottone(2004)은 아동 중 최소한 1/4 이상은 그들이 성인으로 자라기 전까지 외상적 사건을 경험한다는 것과 이들 중에서 30% 정도는 외상후 스트레스장애(post-traumatic stress disorder: PTSD)라는 임상적 진단이 가능한 수준에 도달한다는 것을 발견했다. 그리고 아동기에 진단되어 치료되지 않으면 PTSD는 성인기까지 지속된다는 가설을 세웠다.

자기공명영상(MRI)을 사용한 연구에서 연구자들은 PTSD를 겪는 내담자의 뇌가 비정상적인 발달 패턴을 보인다는 사실을 발견했다(Jackowski et al., 2009). 그런데 여기에서 특히 유념할 중요한 점은 아동의 비정상성은 성인의 그것과 다르다는 것이다. 성인의 PTSD가 보이는 비정상성은 일관적으로 해마 영역—즉, 기억과 관련된 뇌 부위—에서 발견된다. 반면, 아동의 뇌를 촬영한 이미지는 뇌량 영역—즉, 정서적 자극과 다양한 측면의 기억의 처리에 관여하는 영역—에서 발견된다([그림 5-5] 참조). 내담자가 아동기 학대와 유기를 경험한 아동이든 전쟁에 참여했다가 집으로 돌아온 군인이든 간에, PTSD는 개인의 일상생활에 극적이고 상당한 정도의 영향을 끼친다. 다음에 제시한 짤막한 축어록은 집으로

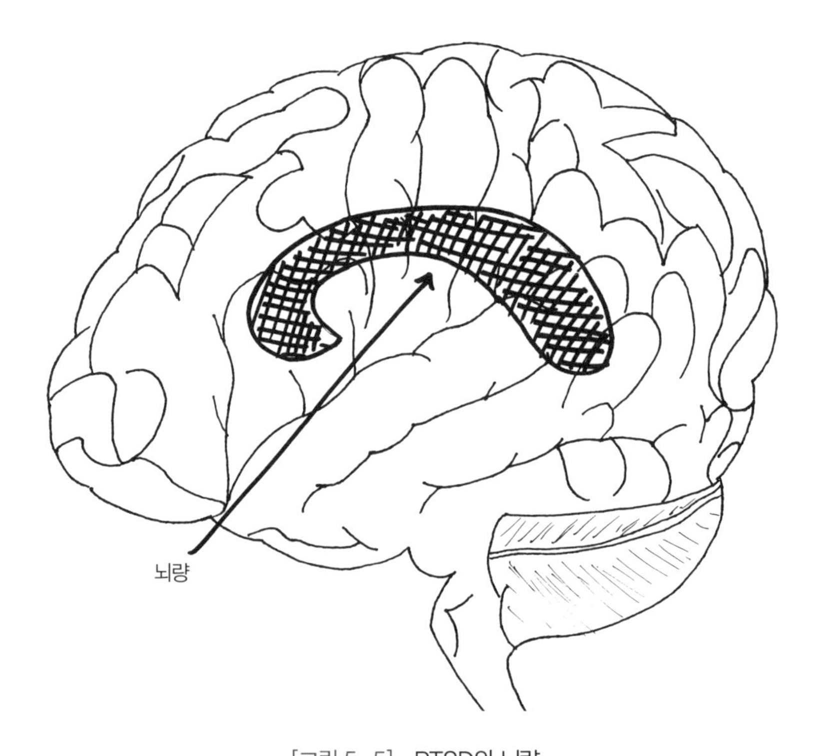

[그림 5-5] PTSD와 뇌량

뇌량은 좌뇌와 우뇌를 연결하는 뇌의 중앙 깊은 부분에 위치한 신경다발이다.
연구에 의하면 PTSD를 겪은 아동의 뇌량 크기는 작아진다.

돌아온 참전용사의 사례에서 나온 것이다.

제드 사례

제드에게 집으로 돌아오는 일은 매우 어려웠다. 그는 처음에는 소위 임무라고 할 만한 것이 없었지만, 시간이 갈수록 그가 속한 소대의 다른 전우들과 함께 수행해야 할 상당한 정도의 임무가 있음을 알게 되었다. 집에 돌아온 지 약 6개월이 지났지만, 그는 여전히 자신이 했던 군생활의 잔재를 떨쳐내기 어려웠다. 그는 몇몇 중요하고 극도로 비참한 전투에 참여했다. 그는 한쪽 다리를 잃었어도 생존할 수 있었지만, 그의 여러 전우는 더 심하게 부상당하거나 전사했다. 그는 자신의 군생활에 관해 "나는 행운아 중 하나예요."라고 말하곤 했다. 그는 힘든 군생활을 마치고 돌아온 후, 자신에게 힘들었겠다고 위로하는 모든 사람에게 이 말을 하곤 했다. 그의 상담사 루시는 최근 그 지역의 대학을 갓 졸업한 후 아직 실무를 배우는 중이었다. 그녀는 훌륭한 학생이며 뛰어난 임상 기술을 가지고 있었다. 그러나 이 회기 중에 그녀는 전쟁 중에 제드가 겪었던 실제 경험에 대해 이야기할 아주 좋은 기회를 놓쳤다.

제드: 제가 이 상담으로부터 뭔가를 얻어야 하지만…… 정말 저는 상담이 필요하다고 생각지 않아요.
루시: 좋아요. 그러니까 당신은 이 상담이 필요하다는 확신이 없다는 말씀이네요.
제드: 그래요.

이후 어떤 방향으로 진행해야 할지 잘 모른 상태에서, 루시는 몸을 앞으로 기울였고, 그러다가 가지고 있던 종이를 손에서 놓치면서 물컵을 바닥에 떨어뜨렸다. 물컵이 산산조각 나면서 크게 '탕' 하는 소리가 났다. 당황해서 허둥거리던 루시는 '탕' 하는 큰 소리에 대한 제드의 반응을 알아차리지 못한 채 놓치고 말았다.

사실 바닥에 떨어진 물컵이 큰 해를 끼치지는 않겠지만, PTSD를 겪고 있는 사람은 그것을 매우 위협적인 것으로 지각할 수 있다. PTSD의 영향하에 있는 내담자는 중립적이지 않는 자극에 대해 심각한 반사 행동을 보이며, 그 결과 더 이상 집 밖으로 나가지 못할 만큼 무력해질 수도 있다. 극심한 공포와 관련된 기억이 PTSD의 핵심에 자리 잡고 있다는 점을 감안하면, 불안에 관련된 뇌 부위가 PTSD와도 관련 있다는 사실이 그리 놀랍지 않다. 뇌 부위 중에는 공포기억과 밀접하게 관련되어 있는 편도체(Bremner, 2006)와 해마(Shin, Rouch, & Pitman, 2006)가 중요한 역할을 한다. PTSD를 겪는 사람들의 해마를 촬영한 뇌 영상 자료에 의하면 그들의 해마는 건강한 사람들의 해마에 비해 크기가 작으며 기능 수준도 떨어진다(Bremner, 2006). 부적인 방향의 증상을 보이는 해마와 반대로, 편도체는 뇌 속에서 혈류의 증가를 보인다(Bremner, 2006; Shin et al, 2004). 이러한 정적인 방향의 증상은 PTSD도 불안의 경우처럼 편도체의 과잉활동성과 관련되어 있다는 사실을 지지한다.

PTSD 환자의 뇌는 구조적 · 기능적 측면 외에 화학적 측면까지도 크게 변화한다. PTSD가 뇌의 화학적 측면에 끼치는 영향 중 주목할 만한 것은 코르티솔과 노르에피네프린의 증가이다(Bremner, 2006). 코르티솔과 노르에피네프린은 모두 스트레스 반응과 관련이 있다. 정상적 상황에서 스트레스는 중요하고 긍정적이며 기능적인 역할을 한다. 그러나 어떤 사람이 PTSD 사례처럼 만성적으로 스트레스를 받게 되면 부적응적인 반응을 보이게 된다.

조현병

조현병(schizophrenia)은 망상과 환각을 보이고, 악화되는 경우 행동 문제도 나타난다. 전 인구의 약 1% 정도가 조현병을 앓는 것으로 알려져 있다. 조현병은 뇌 속에서 발생하는 장애로 인식되어 상담적 개입으로는 거의 도움을 줄 수 없다고 여겨졌다. 그래서 그동안 여러 연구자는 이 병에 관해 신경생물학적 관점으로 이해하려고 했다.

헨리 사례

헨리는 오랫동안 리스페르달(Risperdal)을 복용해 왔다. 그는 조현병 때문에 30여 년간 주립병원에서 치료를 받아 왔다. 그러나 그는 모든 주립병원이 문을 닫으면서 몇 달 전 퇴원했고, 그 이후 성인 그룹홈의 도움을 받게 되었다. 리스페르달을 지속적으로 복용하고 있는 그는 감각이 점점 심각하게 둔해지면서, 인간으로서 기능을 하고 있다기보다 거의 좀비에 가까운 모습으로 변해 갔다. 그의 옷차림이나 외모는 추레해졌고, 바지의 앞 단추는 열린 채로 다녔는데, 그보다도 그가 많은 양의 침을 셔츠에 흘리고 있는 모습이 더 눈에 띄었다. 그는 그가 나타내는 잠재적 폭력성과 조현병을 앓는 사람이 일반적으로 보이는 사고의 특성을 경감시킬 수 있을 정도의 리스페리달을 복용하고 있었다. 헨리 주변의 모든 사람은 그가 '술 취한' 것 같은 소리를 내면서도 자신의 말을 명료하게 하려고 애쓴다는 점은 분명히 알 수 있었다. 사실 어느 날 그의 상담사는 헨리가 매우 다른 모습으로 나타난 것을 보았다.

헨리: 안녕하세요, 선생님. (그는 매우 명료한 목소리로 말했다.)

의사: 안녕하세요, 헨리. 와우. 오늘 매우 깔끔해 보여요.

헨리: 네. 선생님도 알아차릴 거라고 생각했어요.

의사: 어떻게 된 거지요?

헨리: 글쎄요, 선생님. 제가 사는 곳 근처에서 마약상을 발견했어요. 그래서 마약을 좀 얻었지요. 그랬더니 기분이 좋아요.

대부분의 조현병 환자에게 공통적으로 나타나는 환각과 망상은 뇌 속의 도파민이 지나치게 많기 때문인 것으로 알려져 있다. 리스페르달과 같은 조현병 치료 약물들은 뇌 속 도파민의 활동에 영향을 끼치는데, 리스페르달이나 다른 항정신병 약물들은 도파민 수준을 직접 낮추는 것이 아니라 도파민이 연합하는 뇌 속의 수용체를 막아 버림으로써 도파민을 무력화한다. 항정신병 약물의 효과는 대체로 환자들이 경험하는 환각과 망상의 빈도를 줄이거나 그러한 증상의 심각성을 낮춘다. 어떤 환자들의 경우에는 도파민의 길항제(antagonist)가 조현병과 관련된 증상들을 완벽하게 방지하기도 한다.

이러한 사실들은 조현병 환자들을 위해 효과적인 치료 계획을 수립할 때 약물을 지속적이고 정기적으로 복용하게끔 하는 것이 중요하다는 점을 강력히 시사한다. 처방된 투여량을 정확하게 지키지 않으면 뇌 속에서 바로 화학적인 불균형이 발생하여 환각이 재발하며, 그것의 빈도나 심각도 역시 증가한다.

항정신병 약물이 조현병과 관련된 '사고장애'을 치료하는 데 효과적이지만, 부작용도 있다. 항정신병 약물을 복용한 사람들은 헨리를 치료하던 의사가 관찰했던 것처럼 침 양의 증가, 피로감, 나른함 등의 부작용을 보인다. 조현병에서 볼 수 있는 행동을 유발하는 약물(예: 코카인)이 뇌 속의 도파민 수준을 높일 수 있다는 것은 놀라운 사실이 아니다. 이처럼 항정신병 약물이 유발하는 부작용들은 그 약물이 대체로 도파민 활동을 경감시키기 때문에 나타난다. 즉, 항정신병 약물은 도파민의 활동성을 경감시키는데, 환각이나 망상을 야기하는 부위뿐 아니라 도파민이 '정상적인' 행동적 활동을 유발하는 부위에서도 도파민의 활동성을 경감시킨다. 예를 들면, 파킨슨병은 뇌 속의 도파민 신경세포의 소멸 때문에 발병하는데 이 병은 행동 측면에서의 장애로 나타난다.[8] 조현병은 역기능적 행동(예: 피로, 말하기 어려움, 침 흘림 등)도 유발하는데, 그 이유는 뇌의 심리적 영역뿐 아니라 행동적 영역에서도 도파민 수준에 변화가 있기 때문이다.

헨리가 코카인의 영향하에 있을 때 그의 외적 행동이 정상으로 되돌아온 것처

---

8) 역자 주: 조현병의 도파민 가설에 의하면 이 병은 뇌 속에서 도파민의 과다 때문에 발생한다. 한편, 파킨슨병은 도파민을 분비하는 흑질 부위의 신경세포 손상으로 도파민이 충분히 분비되지 않기 때문에 발생한다. 따라서 조현병을 치료하기 위해 약물을 사용하여 뇌 속의 도파민 수준을 낮추게 되면, 도파민이 충분치 않을 때 발생할 수 있는 파킨슨병 같은 자발성 운동장애 증상이 나타날 수 있다. Robin Williams와 Robert De Niro가 출연한 〈사랑의 기적(Awakening)〉(1990)은 신경과학자 Oliver Sacks의 『깨어남(Awakening)』(1973)(이민아 역, 2012, 알마)을 영화화한 것으로 도파민의 약효와 부작용을 잘 보여 준다. 이 영화는 자발성 운동장애 증상을 보이는 환자에게 파킨슨병 치료제인 L-도파를 투여하여 증상을 완화시켰지만, 그와 동시에 조현병 증상이 보임으로써 결국 투약을 중단하게 되는 과정을 보여 준다.

럼 보였던 것은 흥미롭지만 그리 놀라운 현상은 아니다. 코카인은 대체로 뇌 속의 도파민 수준에 영향을 끼치는데, 코카인은 헨리가 신체적 행동에 관한 통제력을 가지게끔 하고 보기에 '잘 조응하고' 있는 것처럼 보이게 한다. 코카인은 기본적으로 리스페르달의 효과[9]를 상쇄한다. 여기에서 배울 수 있는 점은 조현병 내담자를 돕는 전문상담사들은 처방된 약물이 그때그때 나타내는 효과와 유용성을 지속적으로 모니터링하기 위해 내담자의 정신과 의사와 정기적으로 연락을 취할 필요가 있다는 점이다.

조현병이 뇌 속의 과도한 도파민 때문에 발생한다는 사실을 시사하는 연구들에 기초하여 연구자들은 내담자에게 긍정적인 영향을 끼치면서도 부작용을 줄일 수 있는 다양한 약물 사용 방식에 관해 탐구했다. PET 스캐닝을 사용한 연구에서 Arakawa 등(2010)은 도파민 수용체에 페로스피론(Perospirone)[10]이 끼치는 영향에 관해 연구했다. 그들은 내담자들이 이 약물에 대해 잘 반응하며 그것이 많은 도파민 수용체를 막음으로써 청각적 · 시각적 환각을 감소시킴을 발견했다.

조현병으로 진단받은 많은 내담자에게 나타나는 주요한 위험 요인 중 하나는 조갈증(polydipsia)[11]이다. 이는 꽤 많은 비율의 조현병 내담자에게서 발생하는 것으로, 건강을 해칠 만큼의 많은 양의 물을 마시는 증상을 보인다(De Carosis et al., 2010). 연구자들은 이러한 유형의 조현병은 도파민 수용체뿐 아니라 오렉신(orexin) 수용체[12] 그리고 태생적 다형성(polymorphism)과 연관이 있다는 점을 시사했다(Meerabux et al., 2005).

전문상담사들은 조현병으로 진단받은 내담자를 위해서는 약물 사용이 대단히 중요하다는 것을 인식할 필요가 있다. 또한 내담자를 돌보는 일에는 내담자의 증상이 진행되는 과정을 모니터링하기 위한 의학적 검진도 포함된다. 따라서 이

9) 역자 주: 여기서는 리스페르달의 부작용으로 나타나는 증상을 상쇄하여 침 흘림 등의 부작용이 일시적으로 감소한다는 의미이다.
10) 역자 주: 항정신병 약물의 일종으로 정신분열증과 양극성 조증의 급성치료에 사용된다.
11) 역자 주: 조갈증, 다갈증, 또는 다음증으로 불리는 것으로 물을 마셔도 목이 마른 증상을 말한다.
12) 역자 주: 뉴로펩타이드 오렉신에 결합하는 G 단백질 결합 수용체이다.

러한 의학적 검진이 정기적으로 계획되고 지켜지게끔 도와줄 필요가 있다.

주의력결핍 과잉행동장애

주의력결핍 과잉행동장애(attention deficit hyperactivity disorder: ADHD)는 수많은 아동의 삶에 영향을 끼치는 문제이다. 여아들에 비해 2배 이상의 남아들이 ADHD의 영향을 받는데, 그 이유는 알려져 있지 않다. ADHD는 아직 충분히 이해되고 있지 않지만 뇌의 몇몇 부위, 특히 소뇌가 ADHD와 관련된다는 증거가 점점 많아지고 있다. 정상 아동과 비교해 볼 때, ADHD 아동의 소뇌는 대체로 그 크기가 작은 편이다(O'Halloran, Kinsella, & Storey, 2011).

테드 사례

테드는 항상 에너지가 넘치는 아이였다. 그가 4세쯤 되었을 때 그의 부모나 주변 사람들은 그가 뭔가 남과 다르다는 사실을 알아챘다. 이제 7세가 된 그는 행동화 성향이 심하고 통제를 잘 하지 못하며, 그의 나이에 비해 극도로 활동적이다. 그는 학교에서 2년 전부터 상담을 받고 있다. 그들은 일주일에 2회씩 놀이치료를 하고 있다.

몇몇 연구에 의하면 ADHD를 가진 사람의 뇌에서는 포도당 대사가 크게 감소되어 있다. 뇌에서 발생하는 포도당 대사는 뇌 활동을 가늠하는 지표이다. 포도당은 뇌세포가 기능하는 데 필요한 에너지를 제공하기 때문에 포도당 대사가 뇌의 특정 영역에서 상승하는 것은 곧 해당 뇌 구조가 매우 활동적이라는 점을 시사한다. Zametkin 등(1999)은 ADHD를 가진 성인들은 아동의 경우와 마찬가지로 뇌에서 포도당 대사가 억제되어 있는데, 이런 억제 현상은 전두엽(prefrontal cortex: PFC)과 전운동 피질(premotor cortex: PMC)에서 가장 두드러진다. 전두엽의 포도당 대사 감소 현상은 ADHD를 가진 여아에게서도 발견되었다(Ernst et al., 1994; Zametkin et al., 1993; Ernst, 1997). 흥미롭게도, 이러한 결과는 청소년 남아들에게까지 일반화되지는 않았다(Ernst et al., 1994; Ernst et al., 1997). 그럼에도 불구하고 이러한 연구 결과는 주의집중이나 계획 수립 같은 '실행' 기능을 수행하는 전두엽의 활동과 ADHD 간의 관련성이 중요하다는 사실을 시사한다. ADHD를 가진 사람들의 저하된 뇌 활동성을 회복시키기 위해 그들에게는 흥분제가 처방된다. 그 이유는 리탈린(Ritalin) 같은 흥분제가 뇌의 활동성을 증가시켜 정상 뇌 수준의 활동성을 갖게끔 하려는 목적 때문이다. Lou(1984, 1989, 1990) 등은 흥분제를 처방하면 뇌의 혈액 공급이 증가함을 발견했다.

약물과 알코올

클리프 사례

클리프는 수년간 마리화나를 즐겨 피웠다. 그는 마리화나가 자신의 나머지 삶을 잘 통제하는 것 같은 느낌을 주기에 그것을 좋아했다. 그의 친구들 역시 모두 마리화나를 피웠다. 고등학교부터 시작해서 대학 입학과 졸업까지 수년이 지나면서 그의 친구들은 모두 대학을 졸업해서 일자리를 찾았고, 그중 몇 명은 가정을 꾸리기 시작했다. 클리프는 이 중에서 아무것도 이루지 못했다. 그는 즐거움과 쾌락에 탐닉했고, 마리화나가 필요해졌을 때에는 그가 가지고 있던 목표와 꿈을 모두 잃었다. 그가 참여했던 집단상담에서 그의 옆에는 머럴이 앉아 있었는데, 머럴은 20년 이상 정기적으로 술을 마시곤 했다. 그는 처음에는 맥주로 시작했지만, 나중에는 여러 병의 위스키를 마시는 지경에 이르렀다. 클리프와 머럴은 서로 다른 유형의 약물을 사용하기 시작했지만, 이제는 모두 약물에서 헤어 나오기 시작하는 중이고, 지금은 그러한 상태를 유지하기 위해 노력하는 중이었다.

상담사: 머럴의 이야기를 들어 볼까요? 머럴, 약물을 중단해야겠다는 생각을 어떻게 하게 되었는지 우리에게 말해 줄 수 있어요?

머럴: 저는 모든 돈을 탕진했고 가정도 잃었으며 이제는 제 삶을 망가뜨리는 것밖에 남지 않은 것 같아요. 제가 술을 끊어야 한다는 이야기는 수년 전부터 들어왔어요. 그러나 저는 모든 사람이 저를 통제하고 간섭하려고 한다고 생각했지요. 그런데 우습게도 저를 실제로 통제하는 것은 술이었던 거예요.

클리프: (동의한다는 듯이 끄덕이면서) 맞아요. 그러니까 저도 다른 사람들이 자기도 완전히 바닥을 쳤다고 할 때 그 말의 뜻이 무엇인지 이제는 알게 되었어요. 저는 마리화나에 취하고 싶어서 모든 친구에게 몇 달러만 달라고 했어요. 그러다가 제가 문제에 빠졌다는 사실을 갑자기 깨닫게 되었지요. 하지만 여전히 저는 마리화나를 끊을 수 없었어요. 몇 주 후 제가 친구의 밴을 몰고 있었는데 경찰이 저를 세웠어요. 그때 저는 완전히 약에 쩔어 있었어요. (수치감에 빠져 아래를 내려다보면서) 그러니까 저는 제가 어디에 있는지조차 알지 못했어요. 판사는 저를 약물 관련 법정으로 보냈고, 저는 약물치료 프로그램을 마쳤지요. 그러고 나서 너덧 번 정도 재발되었고요. 이제 저는 약물을 사용하지 않은 지 45일 지났어요.

클리프와 머럴이 선호하는 약물의 종류는 다르지만 두 사람의 뇌 상태는 매우 유사하다. 모든 중독자는 인생의 어느 한 시점에서 그들이 중독된 약물의 사용 여부에 관해 의식적인 결정을 내린다. 그런데 왜 그냥 약물을 중단하지 못하는가? 그 이유는 약물이 뇌를 변화시켜서—정신적으로나 신체적으로—약물을 중단하지 못하게끔 만들어 버렸기 때문이다. 이러한 변화는 화학적 변화뿐 아니라 생물학적인 회로의 변화도 포함한다.

약물 남용으로 발생하는 가장 중요하고 의미 있는 변화는 도파민 수준이 크게 높아진다는 것이다. 이러한 도파민 과잉은 행복감을 촉진하는데, 이 행복감은 약물이나 알코올 사용과 관련된다. 왜냐하면 신경전달물질은 대부분의 사람이 즐겁다고 느끼는 활동과 관련된 뇌 부위에 영향을 끼치기 때문이다. 도파민의 효과가 매우 보상적이기 때문에, 동물들은 기분 좋은 상태가 되기 위해 자신의 몸속에서 스스로 도파민을 합성해 낼 뿐 아니라 도파민을 받아들이는 뇌 부위에 스스로 전기 자극을 주기도 한다.[13)]

마치 온도 조절 장치처럼 인간의 뇌는 스스로 조절하게끔 되어 있다. 뇌의 화학적 특성이 변화하면 뇌는 항상성을 유지하기 위해 스스로를 변화시킨다. 어떤 사람이 약물을 사용하면 뇌는 여러 가지 방식으로 반응하는데, 그중 하나는 약물 때문에 과도하게 높아진 도파민에 대한 내성을 만들어 내는 방식이다. 뇌는 도파민을 분해하는 효소를 증가시켜서 도파민을 무력화시킨다. 약물 사용은 뇌 속의 신경화학적 변화뿐만 아니라 구조적인 변화를 유발한다. 많은 학자는 약물 및 알코올 중독이 신경 접합부의 변화에 의해 매개되는 학습의 일종이라고 생각한다. 어떤 사람이 중독되면 뇌의 회로는 문자 그대로 신경세포의 연결 형태와 방식이 달라지며, 중독을 치료하기 위해서는 회로가 다시 연결되고 구성되어야 한다.

오랫동안 약물을 사용하다가 중단한 내담자들은 소위 금단 증상(withdrawal)을 겪는다. 내담자가 스스로 약물을 중단하든 또는 중독치료센터를 통해서 중단하든, 몸은 매우 심각하고 외상적인 상태를 겪는다(Brooks & McHenry, 2009). 금단으로 나타나는 부작용들은 내담자들이 사용하던 약물, 분량, 내성, 사용 기간 등 여러 요소에 따라 달라진다. 몸에서 발생하는 쇼크 현상은 발한, 메스꺼움, 구토, 불안 등을 넘어선다. 뇌와 중추 신경계 내에서 화학물질이 빠져나가고, 몸이라는 체계를 재조정하지 못하면 뇌와 중추 신경계는 소위 '실제로는 마시지 않았지만 취한 상태(dry drunk)'를 유발한다(Brook & McHenry, 2009). 이러한 상태는 내담자가 실제로는 약물 사용을 중단했음에도 약물 사용 중일 때와 같은 패턴과 생활 방식을 유지하게 되는 현상과 같다. 궁극적으로 중독에서 회복되고 있는 많은 사람은 삶을 어떻게 살지를 새롭게 학습해야 한다. 약물중독 내담자들이 회복하고 있을 때, 그들은 약물 및 약물의 효과가 없어도 살 수 있는 방법뿐 아니라 약물에 젖어 있지 않은 '새로운 뇌'를 가지고 사는 방법도 습득해야 한다.

---

13) 역자 주: 일상생활에서 전기 자극을 준다는 의미가 아니라 실험 장면에서 도파민 관련 뇌 부위에 연결된 전극에 전기 자극을 준다는 의미이다.

어떤 불행한 경우에는 약물에 젖어 있을 때 진행되던 재회로 형성과정이 약물을 끊었을 때에도 중단되지 않고 계속되기도 한다.

자해

자해(self-mutilation)는 현대 사회에서 꽤 만연된 이슈로 대략 전체 인구의 12%, 정신과 치료를 받는 사람들의 20% 정도가 하고 있는 행위이다(Favazza, DeRosear, & Conterio, 1989). 특히 널리 퍼져 있는 자해 행위는 스스로 베는 행위(cutting)이다. 베는 행위는 좀 더 심각한 심리적 문제를 내포하는데, 스스로 베는 행위를 하는 사람들은 우울과 불안(Andover et al., 2005), 섭식장애(Favazza, DeRosear, & Conterio, 1989), 경계선 성격장애(Suyemoto, 1998) 등의 진단을 함께 받는 경향이 있다.

그렇다면 사람들은 왜 스스로 베는 것일까? 우울, 불안 내담자와 신경과 환자들이 자해 행위를 함으로써 얻는 것은 무엇일까? 한 가지 이론에 의하면, 베는 행위는 그들이 언어화하기 어려운 고통을 신체적으로 표현하는 한 가지 방법이다. 그러나 흥미롭게도 스스로 베는 행위를 하는 사람들은 그 행위를 한 후에 엄청난 죄책감과 혐오감을 느낀다. 그렇다면 그들은 베는 행위를 왜 지속하는 것일까? 최근 연구에 의하면 자해를 하는 사람들은 베타엔도르핀(뇌에서 오피오이드 수용체와 결합함으로써 자연적인 진통제 역할을 한다) 수준이 비정상적으로 낮다(Stanley et al., 2010). 엔도르핀이 오피오이드 수용체와 결합하면 다른 약물을 남용할 때처럼 그 사람은 행복감을 경험한다. 결과적으로 스스로 해치는 행위를 하는 동안 뇌의 화학물질은 쾌감이라는 보상을 제공하고 그 행위를 강화하는데, 그 결과 그 행위가 반복될 개연성이 증가한다. 사람들이 베는 행동과 관련된 고통이 엔도르핀을 증가시키고, 그 결과 쾌감이 유발되기 때문에 스스로 베는 행위를 지속한다고 가정해 보자. 그렇다면 과연 전문상담사가 그 순환고리에 개입하면 베는 행위를 중단시킬 수 있을까? 연구 결과는 모호하다. 어떤 연구들은 엔도르핀이 오피오이드 수용체와 결합되는 것을 차단하는 약물을 사용하면 사람들의 자해 행위를 줄일 수 있다고 한다(Herman et al., 2004; Kars et al., 1990; Symons, Thompson, & Rodriguez, 2004). 그러나 다른 연구들은 그렇지 않은 결과를 보고한다(Szymanski et al., 1987; Willemsen-Swinkels et al., 1995). 이와 같은 상반된 결과는 베는 행위가 단순히 생물학적으로 매개되는 행위가 아니며, 심리적 요소가 관여되어 있음을 시사한다.

수지 사례

수지는 예의 바르고 타인을 돌보며 공손한 젊은 여성이다. 그녀는 자기 자신과 삶에 관해 '염려되는 것'이 있어서 대학상담실을 방문했다. 접수면접을 했을 때 특이 사항이 드러나지 않은 상황에서, 그녀는 상담사 중 하나와 상담 일정을 잡았다. 톰은 수년간 그 상담 센터에서 일했으며, 여러 유형의 내담자를 만나 왔다. 세 번째 회기까지 상담사와 내담자는 그의 주제와 염려에 대해 꽤 명료하게 이야기를 진행했다. 대부분의 주제는 발달과정에서 있을 만한 것들로서 가족으로부터 떠나 대학에서 생활하는 것, 친구들과의 관계, 이 세상에서 자신의 자리를 찾는 것 등이었다. 그 후 5회기 중반쯤이 되었을 때, 수지는 새로운 주제를 꺼내 놓았다.

수지: (손으로 자신의 다리 윗부분을 아래위로 쓰다듬으면서) 제가 그리 자랑스러워하지 않는 어떤 것에 대해 이야기하고 싶어요.

톰: 네, 좋아요. 당신이 그 주제를 이야기하기 어려워하는 것 같네요. 준비되면 이야기해 주세요.

수지: 글쎄요. (자신의 다리를 가리키며) 저는 저 자신에게 상처를 내곤 해요.

톰: 당신이 자해한다는 말씀이네요. 어떤 목적을 가지고 정기적으로 스스로를 베고 상처를 낸다는 이야기인가요?

수지: 그러니까, 매일 상처를 내지는 않아요. 하지만 제 다리 윗부분을 일주일에 한두 번씩 상처를 내곤 해요.

결론

내담자들이 상담에서 호소하는 정신건강 관련 주제들은 상담이론이나 상담 접근(REBT, Adler, 게슈탈트 등)의 관점에서 이해할 수도 있고, 신경생물학적 관점에서 이해할 수도 있다. 내담자 뇌의 현재 상태를 평가하고 그것을 현재 내담자의 정신건강 문제를 이해하는 데 참고하면, 사례 전반에 관한 분석 방식이나 가장 효과적이고 효율적이며 긍정적인 효과를 위해 전문상담사가 사용할 접근을 찾는 과정에 큰 영향을 끼칠 수 있다.

효과적이고 유용한 신경생물학적인 정보를 사용하여 상담에서 사용되는 각종 접근이 더 세련되어진다면 좀 더 효과적인 상담적 치유방법을 개발할 수 있을 것으로 기대한다. 그러나 그 시점이 오기 전까지 우리는 내담자의 정신건강을 돕는 방법의 일환으로, 상담사들이 현재 사용하는 상담 접근과 문제가 되는 뇌 부위(구조적 측면, 화학적 측면 모두 포함)를 연결하여 이해할 것을 제안한다.

복습을 위한 질문

1. 신경생물학은 동일한 뇌 부위에서 발생하는 불안과 우울 같은 '자매'장애에 관해 어떻게 설명하는가?
2. 조현병이라는 정신건강 문제를 생각할 때, 현재의 신경과학적 상담의 관점이 제안하는 가장 유용한 치료적 접근은 무엇인가?
3. 조현병은 뇌로 들어가는 도파민의 양이 극단적으로 많아진 결과로 보인다. 이 장에서 논의된 다른 문제들 중에서 내담자가 더 많은 도파민이 필요하기 때문에 발생하는 문제는 무엇인가?

제 6 장 향정신성 약물

내담자 뇌의 화학적 구성에 긍정적 영향을 끼치는 약물이 더 많이 개발되고 활용됨에 따라, 전문상담사들은 현재 사용되는 약물의 현황과 구체적인 약물의 특성을 알아 둘 필요가 있다. 향정신성 약물(psychotropic medication)은 뇌의 화학적 구성에 영향을 줌으로써 내담자의 기분, 사고, 그리고 감정을 좌우하며 그 결과 내담자의 행동 변화도 촉진한다. 상담의 목표 역시 사고, 감정, 행동을 표적으로 삼고 있다. 따라서 상담사가 내담자를 위해 하는 모든 노력은 향정신성 약물 투여와 전문상담이라는 두 가지 유형의 개입이 서로 보완적으로 작용하고 내담자의 성장을 촉진하는 결과를 도출할 수 있어야 한다.

이러한 목적에 도달하기 위해 우리는 상담사의 세계관에 따라 상담과정에서 약물을 어떻게 효과적으로 또는 비효과적으로 사용하는지에 대해 간략히 논의하고자 한다.

내담자의 정신건강 문제 극복을 위해 처방할 수 있는 여러 약물에 관해 기술하기 전에, 상담과정에서 효과적이거나 비효과적인 약물 사용과 관련된 서로 다른 세계관에 대해 논의하는 것이 필요하다.

당신의 세계관과 약물 사용

전문상담사는 약물을 처방하지 않는다. 그러나 당신은 약물 사용에 관한 내담자의 결정에 일정 정도 영향을 끼칠 수 있는 위치에 있다. 따라서 당신은 약물을 사용하는 이유와 그 약물의 부작용에 관해 이해할 책임이 있다. 그러나 이와 같은 기초적인 사항 외에 우리는 당신이 약물 사용에 관한 자신의 관점에 대해 명료하게 이해하고 있는 것이 매우 중요하다고 생각한다. 이 지점에서 전문상담사가 취할 수 있는 태도의 범위는 매우 넓다. 어떤 전문상담사들은 약물 처방이 마치 목발을 처방하는 것과 같아서 내담자가 심리적 문제를 장기간 완전히 해소하는 데 필요한 변화를 유발할 잠재력이 없다고 생각한다. 즉, 그들은 약물이 기껏해야 무용하거나 아니면 역효과를 낳는다고 생각하는데, 그 이유는 약물이 상담과정에서 다루어져야 할 핵심적인 심리적 문제를 감추기 때문이다. 반대쪽 극단에는 내담자에 대한 약물 처방을 좀 더 강조할 필요가 있다는 상담사들이 서 있다. 그들은 그들이 관찰했던 내담자의 긍정적 변화와 장기적이고 긍정적인 변화는 약물과 상담과정이 잘 조화되었을 때 나타난다고 생각한다.

그 어떤 경우에도 심리적 문제를 다루기 위해 약물을 사용할지 여부에 관한 궁극적인 결정은 내담자에게 약물을 처방할 수 있는 의사와의 협의하에 전적으로 내담자가 내려야 한다는 점을 기억해야 한다. 그럼에도 불구하고 당신이 이 주제에 관해 충분히 숙고해 보는 것은 매우 중요하다. 당신은 당신이 이 주제를 무시하려고 할 때조차 상담과정 중에 약물 사용에 관한 자신의 편견과 선입견이 어쩔 수 없이 드러날 것이라는 사실을 깨달아야 한다. 당신은 약물 처방에 관한 당신의 입장에 관한 질문을 받을 것이다. 당신은 특정한 문제에 가장 효과적인 약물이 무엇인지에 관한 질문도 받을 것이다. 당신은 그러한 질문들에 준비되어야 한다.

당신이 이러한 준비를 하게끔 하기 위해 이 장은 다양한 심리적 문제에 일반적으로 어떤 약물이 처방되는지 뿐 아니라 그러한 약물이 뇌의 화학적 특성에 어떻게 영향을 끼치는지에 관한 최신 정보를 포함하고 있다. 이 시점에서 당신은 대부분의 의사, 정신과 의사, 제약회사도 내담자들에게 처방되는 모든 약물이 '최선의 추측'에 불과하다는 사실을 받아들이고 있음을 알기 바란다. 이 말은 그들이 제공하는 약물 처방이 정보도 없이 무계획적으로 조금씩 제공되고 있다는 의미가 아니라, 약물, 투여량, 복용 기간 등이 아직 확실하지 않아서 그러한 약물이 특정 내담자에게 어떤 영향을 주고 있는지 조심스럽고 지속적으로 모니터링, 평가 및 재평가되어야 한다는 의미이다. 각 개인은 처방된 다양한 약물에 대해 서로 다른 방식으로 반응한다. 따라서 약물에 대해 잘 아는 상담사일수록 서로 다른 유형의 내담자에게 주어진 의학적 치료 계획의 긍정적 효과를 극대화하게끔 효과적으로 도울 수 있다. 반 이상의 미국인이 어떤 유형이든 약물 처방을 받고 있지만(신체적 · 인지적 · 심리적 문제에 대해), 정신건강 문제에 관련된 약물을 처방받는 것에 대해서는 여러 측면에서 내담자마다 매우 다른 반응을 보인다. 이러한 현상은 가족체계 상담 접근이나 다문화상담 과정에서도 유사하게 나타난다. 즉, 내담자는 약물의 도움을 받을지 또는 받지 않을지 결정할 때 그들의 문화나 가족체계의 규칙 그리고 개인적 경험을 통해 습득한 신념을 기초로 결정한다. 그 밖의 변인으로는 현재 고려되는 약물의 종류, 향정신성 약물 사용 경험 여부, 예상되는 약물 복용 기간 등이 있다. 간단히 말하면, 향정신성 약물의 사용 여부는 내담자에게 제공되는 다양한 정보에 근거하여 각 개인이 내릴 결정 사항이다.

후아니타 사례

나(Bill McHenry)는 지난 2회기 동안 내담자 자신을 포함해서 정신건강 문제로 고통을 받고 있는 직계가족들에 관해 호소하는 한 내담자와 상담했다. 그녀는 여러 전문상담사, 심리학자, 정신과 의사를 만났으며, 그들은 그녀의 우울을 '제거' 또는 '치료'하려고 했다. 그들이 했던 그 어떤 시도도 장기적인 효과를 보이는 것 같지 않았다. 나는 그녀가 자신의 삶에서는 소위 '문제 없는 상태'라는 것이 불가능하다는 그의 관점을 이해했을 때에야 비로소 그녀의 사례를 완전히 새로운 관점—즉, 우울은 제거할 수 없고, 다만 그 우울을 가지고 사는 법 그리고 우울을 효과적으로 대처하는 법을 습득해야 하는 사례로 보는 관점—으로 이해할 수 있었다. 그래서 나는 그녀에게 그녀가 앞으로 계속 어느 정도의 우울을 가지고 살게 될 것이라고 말했다. 그녀는 내 말에 동의했고, 우리는 기분과 관련된 인지적 · 행동적 반응에 대해 작업하면서 동시에 그녀의 약물 처방에 관해서도 논의했다. 그녀는 수년간 항우울제를 복용해 왔다. 의사의 도움하에 그녀는 일시적으로 약물 처방을 끊어 보는 시간을 가졌다. 기본적으로 그녀는 약물을 끊게 되었는데, 시간이 지나면서 그녀는 약물 처방이 그녀에게 부정적인 영향을 끼쳐 왔으며, 약물을 복용하지 않는 것이 더 낫겠다는 결론을 내렸다. 우리는 일정 기간 동안 그녀가 우울에 대처하는 기술, 그녀의 태도와 자기개념, 세계관 등에 대해 작업했고, 그 결과 그 모든 것이 극적으로 개선되었다.

질문: 약물 처방이 세상 및 사물을 보는 그녀의 방식을 어떻게 흐리게 만들었는가? 그녀가 자신에 대해 설명할 때 결코 우울이라는 용어를 버리지 않을 것이라는 사실을 알게 되면서, 그녀가 세상을 보는 인지적 틀과 약물 처방에 관해 새롭게 평가하는 일이 얼마나 중요했는가?

약물 처방과 관련하여 내담자 자신의 옹호 역량 제고

전문상담사가 약물 처방에 관해 개인적으로 어떤 관점을 가지고 있는지와 무관하게 상담사는 내담자들이 자신을 옹호할 수 있고, 향정신성 약물을 사용함으로써 받을 긍정적 · 부정적 영향을 이해하게끔 돕는 것이 중요하다. 물론 전문상담사로서 우리는 약물이 내담자에게 영향을 끼치는 방식을 좌우하는 다양한 변인을 이해해야 한다. 또한 내담자가 이러한 변인들을 잘 평가하게끔 돕는 것도 전문상담사의 역할임을 이해해야 한다. 약물 처방 및 복용량과 관련해서 고려해야 할 일반적인 사항에는 나이, 체중, 병력, 약물에 관한 유전적 특성, 생활 방식(예: 운동, 다이어트, 음주, 흡연 등), 현재 생활에서의 스트레스 요인 등이 포함된다. 내담자의 약물 처방과 관련하여 전문상담사가 할 수 있는 역할 중 하나는 내담자의 약물 사용과 그것의 효과(긍정적 · 부정적)에 관해 적극적이고 진솔하게 논의하는 것이다.

약물은 누가 처방하는가

상담활동은 그것이 속한 맥락 속에서 이루어진다. 어떤 주에서는 자격증을 가진 전문상담사(licensed professional counselors: LPCs)라도 진단을 하는 것이 허용되지 않기 때문에, 내담자에 관한 공식 문서를 작성하거나 제3자 상환을 받기 위해 진단명을 사용할 필요가 있을 때는 심리학자, 정신과 의사 또는 의사에게 의존해야 한다. 심지어 약물은 자격을 소지한 의사(물론 정신과 의사 포함)만 처방할 수 있다. 많은 상담사도 동의하듯이, 일반의들이 내담자의 문제에 개입하는 방식을 생각해 보면 심리적 문제와 관련된 지식이나 진단과 관련된 지식의 편차가 매우 클 수 있다.

만약 당신이 오늘 정말 신체적으로 심각한 문제를 가지고 의사를 찾아간다면, 당신은 전문의(specialist)에게 의뢰될 개연성이 크다. 왜냐하면 인간 신체의 어떤 측면을 보아도 각 부위에 대해서 알아야 할 정보가 많고, 그래서 그 어떤 일반의(general practitioner)도 이 모든 것(예: 심장 문제, 관절염 등)에 관해 충분히 알 수 없기 때문이다. 그러나 신체적 문제가 아닌 심리적 문제에 관한 진단과 처방 주제로 돌아오면, (많은 경우) 일반의들이 제한된 정보만 가지고 약물의 종류, 복용량, 복용 기간 등에 관한 결정을 내리곤 한다. 우리는 상담 영역의 다른 일부 사람이 주장하는 것처럼, 일반의는 향정신성 약물을 처방하지 말아야 한다고 주장하는 것이 아니다. 그러나 우리는 전문상담사가 수행하는 중요한 역할 중 하나는 내담자로 하여금 자신에게 내려진 진단 기준이 적합한지, 자신에게 처방된 약물이 적합한지 평가하게끔 돕는 것이라고 생각한다.

어떤 사례의 경우, 전문상담사는 내담자에게 상담 중에 약물 처방도 포함할 것인지 여부를 의사와 논의해 보라는 제안을 함으로써 내담자에게 많은 도움을 줄 수 있다. 이러한 시도는 우리가 내담자들에게 약물 처방을 받게끔 강요한다는 의미가 아니라, 약물 처방에 관한 논의가 필요할 때에는 향정신성 약물의 긍정적 효과와 부작용에 관해 진솔하고 개방된 태도로 논의하는 것을 당연한 과정으로 삼을 수 있다는 의미이다. 이러한 경우 약물에 관한 지식이 풍부하고 다양한 범주의 약물이 어떻게 서로 다른지에 대해 내담자들에게 명료하게 설명할 수 있는 상담사는 상담과 약물치료라는 두 가지 목적 모두를 달성할 가능성이 높아진다.

약물치료가 실제로 하는 일

솔직하게 말하면, 우리는 아직 향정신성 약물이 내담자의 뇌에서 무슨 일을 하는지 정확하고 확실히 알지 못한다. 대부분의 연구는 '약물은 이러이러할 수 있다.' 또는 '이 약물과 저 효과 간에 관련이 있어 보인다.'와 같은 어구로 가득 차 있다. 이러한 어구가 모호해 보이지만, 약물이 작동하는 방식에 관한 현재의 지식 수준에 비추어 볼 때 그러한 표현은 현실을 잘 반영하고 있다. 삶에서 그렇게 분명한 것은 많지 않다. 현실이 그렇다면 우리는 적어도 꽤 오랜 기간 동안 시장에 나와 있는 향정신성 약물에 대해서 (대체로 어떤 경험적인 자료에 근거해서) A라는 약물이 A라는 문제를 가지고 있는 내담자에게 가장 효과적일 수 있는 잠재력이 크다고 믿고 받아들이곤 한다.

약물이 작동하는 방식에 관해—단지 피상적이거나 일반적으로(예: "이 약물은 기분장애를 위해 사용되고 당신의 우울을 경감시키기에 도움이 될 것입니다.")가 아니라 어느 정도로 구체성을 가진(예: "이 약물은 SSRI인데, 이것은 당신의 뇌에서 세로토닌 양의 균형을 잡는 데 도움이 될 것입니다. 이러한 균형은 당신의 기분을 좋아지게 할 가능성이 큽니다.")—정보와 명료성을 갖고 있는 상담사는 다른 조건이 동일하다면 내담자를 더 잘 도와줄 수 있을 것이다. 이러한 두 진술의 차이는 명료성의 측면에서 또는 향정신성 약물을 사용하고 있거나 사용을 고려하고 있는 내담자를 돕는다는 목적의 측면에서 단순하지만 매우 큰 차이이다.

특정한 심리학적 문제가 나타날 때 약물이 작용하는 방식에 관해 더욱 깊어지는 당신의 지식과 문제를 일으키는 뇌의 전체적 또는 구체적 부위에 관해 이미 당신이 가지고 있는 지식을 연결하면, 다음의 정보는 심리적 문제의 실체가 무엇인지에 관한 당신의 시각을 확장시켜 줄 것이다. 전문상담사들은 전형적인 내담자들에게 우울이 어떤 양상으로 나타나는지, 범불안장애가 어떻게 나타나는지에 관해 대체로 잘 알고 있다. 우리는 이러한 내담자들과 상담을 해 보았으며 그들의 전형적인 패턴을 알고 있다. 다양한 내담자가 보여 주는 문제의 구조적 · 화학적 측면과 더불어 전형적인 심리적 문제를 위해 약물이 작용하는 방식을 이해한다면 내담자들이 겪는 문제와 어려움에 관해 총체적으로 파악할 수 있게 될 것이다.

우리는 심리적 문제를 다룰 때 '의지력'을 어떻게 활용할지에 대해 생각해 보면서 이 절을 마무리하려고 한다. 모든 내담자에게 회복탄력성, 성장하고자 하는 의지, 균형 있고 조화로운 삶을 살고자 하는 태생적인 욕구 등이 있다는 것은 분명하다. 그러나 이러한 특성이 중요한 역할을 하는 것은 사실이지만, 여러 사례는 의지력만으로는 그리 충분하지 않다는 사실도 보여 준다. 그 어떤 단일한 측면도 그것만으로 충분한 것은 없다. 사실 단일한 것이 충분치 않다는 점은 곧 많은 효과 연구에서 약물치료만 하는 경우, 심리치료만 하는 경우, 이 두 가지를 동시에 시행하는 경우를 비교하면 대체로 두 가지를 조합해서 시행하는 경우가 내담자의 안녕과 복지에 가장 효과가 좋다는 사실에서도 잘 나타나고 있다. 사실 전문상담사인 우리의 일차적 목표가 그러한 내담자의 개선이 아닌가? 뇌에 관한 유용한 정보로 잘 무장하고 잘 준비된다면 약물치료에 대해서 내담자와 효과적으로 대화할 수 있을 뿐 아니라(물론 의지력이 내담자의 개선에 도움이 되기도 하지만) 내담자 뇌의 화학적 특성의 변화가 필요하다는 점을 명료하게 전달할 수 있을 것이다.

향정신성 약물의 분류

다양한 유형의 정신건강 문제를 해결하기 위해 처방되고 복용되는 약물의 종류는 매우 많다. 어떤 약물은 미미한 부작용이 있는 한편, 다른 종류의 약물은 심각하게 부정적인 신체적 · 심리적 영향을 끼친다. 전문상담사들은 일반의나 정신과 의사가 아니어서 처방전을 쓰지 않는다. 그러나 의사들이 자주 처방하는 약물에 관해 전문상담사들이 익숙해진다면, 전문상담사들은 그러한 약물의 복용과 관련된 정보를 내담자와 공유할 준비를 더 잘 하게 될 것이다.

이 장의 나머지 부분은 약물의 몇 가지 유형과 그것들이 뇌에 끼칠 것이라고 예상되는 영향을 독자들에게 소개하는 목적으로 기술되었다. 여기에서 논의된 약물의 주요 범주는 정신건강 문제를 치료할 때 공통적으로 사용되는 SSRI 계열, SNRI 계열, 삼환계(tricyclics) 계열, MAOI 계열, 기분안정제 계열, 항정신병 계열 그리고 흥분제들로 구분된다. 모든 향정신성 약물은 뇌의 신경전달물질 수준을 변화시킨다. 사실상 모든 약물은 그것이 적법하든 불법이든, 처방된 것이든 아니든 상관없이 뇌의 화학적 특성에 영향을 미친다. 좀 더 구체적으로 말하면 뇌 속에서 이루어지는 약물 제조과정에서 화학물질의 비율을 달리하거나 화학물질의 방출 및 분해 과정을 수정하거나 또는 화학물질의 형태를 모방하여 수용체에 부착시키는 것과 같은 방법을 통해 영향을 끼친다. 이 모든 활동은 신경전달물질 수준의 증가 또는 감소를 초래하며, 뇌의 상태를 좀 더 균형 잡힌 상태로 회복시킨다.

세로토닌 기반 약물

1967년 이후부터 세로토닌(serotonin)의 존재나 결핍은 우울증에 중요한 역할을 하는 것으로 추측되어 왔다(Coppen, 1967). 세로토닌은 기분, 수면, 식욕, 정서, 성욕 등에 영향을 끼친다(Nenson et al., 1997). 세로토닌 조절은 우울증에 영향을 끼치는 가장 중요한 문제 중 하나로 여겨지기 때문에 뇌의 세로토닌 수준을 향상시키는 약물들은 우울증 치료에 가장 널리 사용된다.

선택적 세로토닌 재흡수 억제제 계열

선택적 세로토닌 재흡수 억제제(selective serotonin reuptake inhibitor: SSRI)는 대체로 낮은 수준의 세로토닌과 관련되는 우울장애, 불안장애, 강박장애 등을 치료할 때 사용된다. 첫 번째 SSRI(플루옥세틴, fluoxetine[1])는 1988년 미국에서 처음 판매되었으며, 세포 밖으로 방출되었던 세로토닌이 원래 세포로 재흡수되는 과정을 방해하는 방식으로 작동한다. 이러한 재흡수 억제는 시냅스 후 수용체에 부착될 수 있는 신경전달물질이 재흡수되지 않고 시냅스 공간에 더 많이 남아 있게끔 한다(Ferguson, 2001). [그림 6-1]은 세로토닌의 효율성을 증진시키기 위해 SSRI가 어떻게 작용하는지 보여 준다. 정상적인 조건에서 세로토닌은 축삭의 시냅스 전 축삭 말단에서 시냅스 틈으로 방출되는데, 시냅스 틈이란 세로토닌이 시냅스 후 세포의 수상돌기와 시냅스 전 말단의 재흡수 지점에 있는 세로토닌 수용체에 부착되는 영역이다. SSRI는 시냅스로 방출되었던 세로토닌이 재흡수되는 지점을 막아 버림으로써 시냅스 내의 세로토닌 양을 유지시키는데, 그 결과 궁극적으로 세로토닌이 시냅스 후 세포에 끼치는 영향을 높인다.

---

1) 역자 주: 플루옥세틴(fluoxetine)은 1972년 미국 엘리 릴리(Eli Lilly) 제약회사가 개발하여 프로작(Prozac)이나 사라펨(Sarafem)이라는 브랜드명으로 판매되었던 SSRI 약제이다. 이것은 주요우울장애, 강박장애, 폭식증, 공황장애 등의 치료에 사용되었다.

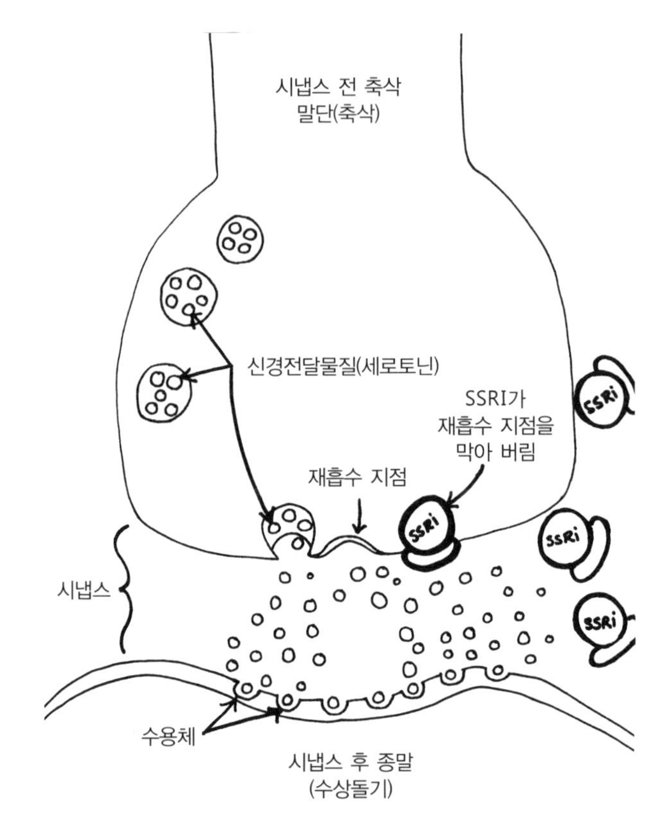

[그림 6-1] SSRI가 시냅스 내의 세로토닌 양을 유지하는 방식
SSRI는 시냅스 전 축삭 말단에 세로토닌 재흡수 지점을 막아 버림으로써
뇌의 세로토닌 양을 증가시킨다.

이 부류의 약물은 세로토닌 수준을 표적으로 해서 뇌의 자연스러운 화학적 균형을 회복하게끔 돕는다. '정상적'인 뇌에서는 한 세포에서 적절한 세로토닌이 분비되어 다른 세포에 영향을 끼친다. 세포에 의해서 분비되었다가 사용되지 않은 세로토닌은 신경세포에 의해 재흡수되거나 효소에 의해 분해된다. 이 두 가지 과정은 '정상적' 뇌에서 균형을 유지하기 위해 필수적이다. 우울은 세로토닌 양의 결핍에 기인한다고 여겨지기 때문에 세로토닌이 가진 효과를 증진하기 위한 한 가지 방법은 좀 더 긴 시간 동안 세로토닌이 신경세포들 사이에서 활동할 수 있게끔 허용하는 것이다. SSRI는 세로토닌이 시냅스 틈 공간 내에서 좀 더 긴

시간 동안 제거되지 않게 함으로써 세로토닌의 효과를 지속시킨다.

SSRI는 대체로 우울증 내담자를 위해 처방된다. 그러나 불안과 관련된 증상을 가진 어떤 내담자들도 이 범주의 약물에 잘 반응한다. SSRI로부터 긍정적인 영향을 받는 추가적인 심리적 장애들에는 공황장애, 강박장애, PTSD 등이 있다(Bank, 2012).

각 약물은 저마다 부작용이 있다. SSRI를 복용하는 내담자들이 불편하다고 공통적으로 호소하는 부작용으로는 메스꺼움, 가라앉음, 불면, 어지럼증, 성기능 장애, 식욕부진 등이다(Bank, 2012). 뿐만 아니라 이 범주의 약물은 뇌에 영향을 끼쳐서 효과를 보이는 데 시간이 걸린다. 많은 사례에서는 내담자가 증상의 감소와 편안해짐을 체험하기까지 3~4주가 소요된다. SSRI가 행동에 끼치는 영향이 지연되는 현상 때문에 많은 내담자는 약물의 효과가 나타나기 전에 약물 복용을 중단하곤 한다. 따라서 전문상담사로서 우리는 반드시 이 약물이 내담자의 뇌에 끼치는 영향과 약물이 영향을 끼치는 데 왜 시간이 걸리는지를 논의하고, 이러한 향정신성 약물을 복용할 때 나타나는 긍정적인 효과 외에 부정적인 효과를 내담자가 평가할 수 있게끔 교육해야 한다. 뿐만 아니라 내담자가 자신의 의사와 의논도 하지 않고 약물 복용을 중단하지 않게끔 도와주어야 한다.

〈표 6-1〉 대표적인 SSRI 약물

약물명	일반 약물[2]
셀렉사(Celexa)	시탈로프램(Citalopram)
루복스(Luvox)	플루복사민(Fluvoxamine)
팍실(Paxil)	파록세틴(Paroxetine)
프로작(Prozac)	플루옥세틴(Fluoxitine)
졸로프트(Zoloft)	서트랄린(Sertraline)
렉사프로(Lexapro)	에스시탈로프램(Escitalopram)

2) 역자 주: 일반 약물이란 generic의 번역으로서 신약으로 개발한 약이 특허 기간이 만료되어 동일 성분으로 다른 회사에서 생산하는 약을 의미한다. 모양은 다를 수 있지만 약효는 본래의 약과 동일하다.

조니 사례

조니는 3개월가량 SSRI 약물을 복용했다. 그의 의사는 이 약물이 그의 기분에 영향을 끼치기까지 시간이 좀 걸릴 것이라고 말해 주었다. 그가 복용하는 약물의 용량이나 처방 방식은 그가 처음 약물을 받았을 때와 변화가 없었다. 그는 약혼자의 죽음 때문에 2년 정도 우울에 잠겨 있었다. 그는 당신에게 단도직입적으로 질문했다. "제가 이 약물을 계속 복용해야 하나요? 약물이 하는 것이라곤 저를 졸리게 만드는 것뿐인데요."

질문: 당신은 조니가 SSRI를 복용하는 것과 약물의 효과에 대해 그와 어떤 이야기를 나눌 수 있겠는가?

선택적 노르에피네프린 재흡수 억제제 계열

선택적 노르에피네프린 재흡수 억제제(selective norepinephrine reuptake inhibitors: SNRI)는 뇌 속에서 특정한 화학물질의 활동성을 증진시키는 방식 측면에서 SSRI와 유사하다. 다만 SSRI는 세로토닌 재흡수 지점만 막는 반면, SNRI는 세로토닌과 노르에피네프린을 재흡수하는 지점에 작용한다. SNRI의 최종적 효과는 세로토닌과 노르에피네프린이 시냅스 전 세포로 재흡수되는 것을 막음으로써 세로토닌과 노르에피네프린이 시냅스 후 세포에 영향을 끼치게 하는 것이다. 이 범주의 약물은 우울, 불안장애, 사회공포 등을 치료하는 데 사용된다.

〈표 6-2〉 대표적인 SNRI 약물

약물명	일반 약물
심발타(Cymbalta)	둘록세틴(Duloxetine)
이펙서(Effexor)	벤라팍신(Venlafaxine)

삼환계 항우울제 계열

삼환계 항우울제(tricyclic antidepressants: TCA)는 항우울제 중 가장 오래된 범주에 해당한다. 우울증 치료에 최초로 사용된 TCA 계열 약물인 이미프라민(imipramine)은 1950년대에 개발되었다(Kuhn, 1958). TCA라는 이름은 이 약물의 분자 구조가 세 개의 고리를 가진 것에서부터 따왔다. SSRI나 SNRI처럼 TCA도 세로토닌과 노르에피네프린의 재흡수를 방지함으로써 항우울제 효과를 나타내는 것으로 보인다. TCA는 매우 효과적이지만 이후 개발된 약물에 비해 덜 선택적이고, 더 심한 부작용을 나타낸다. 따라서 요즘 들어 이 약물은 상대적으로 덜 사용되며 다른 약물이 효과가 없을 때만 선택되는 경향이 있다.

〈표 6-3〉 대표적인 삼환계 약물

약물명	일반 약물
토프라닐(Tofranil)	이미프라민(Imipramine)
엘라빌(Elavil)	아미트립틸린(Amitriptyline)
노르프라민(Norpramin)	데시프라민(Desipramine)
시네콴(Sinequan)	독세핀(Doxepin)
서몬틸(Surmontil)	트리미프라민(Trimipramine)
비박틸(Vivactil)	프로트립틸린(Protriptyline)
아나프라닐(Anafranil)	클로미프라민(Clomipramine)
파멜러(Pamelor)	노르트립틸린(Nortriptyline)

MAOI 계열

삼환계 약물처럼 모노아민 옥시다제 억제제(monoamine oxidase inhibitors: MAOI)도 심리적 증상(특히 우울)을 치료하기 위해 오래전부터 사용되어 왔다. 그러나 SNRI 계열이나 SSRI 계열 약물의 부작용이 MAOI 계열 약물에 비해 훨씬 덜 심각했기 때문에 많은 의사는 MAOI 계열 약물보다 SSRI나 SNRI 계열 약물의 처방을 선호했다. MAO 계열 약물은 우울한 내담자를 약물로 치료할 때 거의 사용되지 않는다(가장 마지막에 사용된다).

MAOI 계열 약물은 모노아민 신경전달물질의 분해를 방해한다. 대부분의 MAOI 계열의 약물은 다른 약물처럼 특정 신경전달물질에만 선택적으로 영향을 끼치지 않는다(그렇기 때문에 심각한 부작용이 발생할 수 있다). MAOI 계열 약물은 세로토닌, 멜라토닌, 에피네프린, 노르에피네프린의 수준에 영향을 끼치는 것으로 여겨진다. 따라서 이 약물의 사용은 무차별적 접근(shotgun approach)과 유사하다. 이것은 우울증에 대한 오래된 약물 요법이기 때문에 1세대 약물에 해당한다. SSRI와 SNRI는 MAOI에 비해 훨씬 더 선택적이며(그래서 산탄총이 아닌 장총에 해당한다), 그렇기 때문에 뇌 전반의 화학적 상태에 대해 의도하지 않은 부작용이 훨씬 적다.

MAOI의 부작용은 우울과 불안에 사용되는 다른 약물의 부작용에 비해 대체로 심각하며, 티라민(tyramine)을 포함한 물질과 함께 흡수되면 뇌졸중, 심장마비 그리고 심할 경우 죽음을 초래한다. 티라민은 다른 약물뿐 아니라 와인, 치즈, 피클 같은 음식물에도 포함되어 있다.

〈표 6-4〉 대표적인 MAOI계 약물

약물명	일반 약물
마르프란(Marplan)	이소카르복사지드(Isocarboxazid)
나르딜(Nardil)	페넬진(Phenelzine)
파네이트(Parnate)	트라닐사이프로민(Tranylcypromine)

기분안정제

앞에서 다룬 것들은 기분장애 치료를 위한 약물의 범주에 속한다. 반면, 기분 안정제(mood stabilizer)는 양극성 장애, 공격성, 충동성(ADHD 증상과 혼동하지 말 것) 같은 심리적 상태를 개선하는 약물군과는 전혀 다른 유형이다. 이 유형에 해당하는 많은 약물은 심각한 부작용이 있으며, 내담자의 체내에 있는 약물의 정도를 점검하기 위해 정기적인 혈액검사가 필요하다.

리튬 기반 약물

기분 안정을 위한 리튬 기반 약물(lithium-based medication)들은 기분을 조절하는 신경전달물질을 표적으로 한다. 이러한 약물들은 일차적으로 세로토닌, 도파민 같은 뇌 속의 신경전달물질의 양을 조절한다. SSRI 계열 약물처럼 세로토닌의 양을 조절하는 리튬 기반 약물은 도파민이 뇌 속에 지나치게 흡수되는 것을 막고, 활용할 수 있는 세로토닌이 뇌 속에 더 많이 남아있게끔 조절한다.

〈표 6-5〉 대표적인 리튬 기반 기분안정제

약물명	일반 약물
에스칼리스(Eskalith) 에스칼리스-CR(Eskalith-CR) 리테인(Lithane) 리소비드(Lithobid) 리소네이트(Lithonate) 리소탑스(Lithotabs)	리튬 카보네이트(Lithium Carbonate)

항경련제

지금까지 심각한 기분 변화(조증과 우울) 문제로 고생하는 내담자에게 리튬이 가장 적합한 약물이라고 여겨졌지만, 최근에는 원래 발작을 치료하기 위해 개발된 몇몇 다른 약물이 양극성 장애를 치료하는 데 꽤 좋은 효과를 보이는 것으로 나타났다. 같은 우울증 내담자라도 작용하는 약물의 종류와 작용방식이 다르듯이 어떤 내담자는 리튬 기반 약물에 잘 반응하는 한편, 다른 내담자는 아래 표 속한 항경련제(antiseizure)에 더 긍정적으로 반응했다.

〈표 6-6〉 대표적인 항경련제

약물명	일반 약물
데파코트(Depakote)	발프로익산(Valproic Acid)
라믹탈(Lamictal)	라모트리진(Lamotrigine)
테그레톨(Tegretol)	카르바마제핀(Carbamazepine)
트리렙탈(Trileptal)	옥스카르바제핀(Oxcarbazepine)

항정신병 약물

일반적으로 전문상담사가 상담하는 내담자 중에서 가장 어려운 내담자는 아마도 정신병(psychosis)이라고 일컫는 심각한 정신적 문제로 고통받는 내담자일 것이다. 수많은 DSM 진단 범주가 이러한 기준에 부합하지만, 정신병을 진단하는 대략의 기준은 그들이 사는 세상의 어느 정도는 실제 존재하지 않는 세상이라는 것을 포함한다. 그것이 환청이든 환상이든 또는 극도로 강력한 편집적 느낌이나 살인사고이든 또는 축II의 극단적인 성격장애이든, 이러한 내담자들은 그들의 뇌 속에서 화학적 · 구조적으로 심각한 문제가 있는 것으로 보인다.

가장 심각한 어려움은 사실상 이러한 유형의 문제를 해결할 수 있는 알려진 치료방법이 없다는 것이다. 오히려 내담자들이 이러한 증상을 잘 관리하고 가능한 만큼 정상적이며 생산적인 삶을 살게끔 상담하는 것이 중요하다. 정신병을 야기하는 수많은 원인이 언급되었지만(예: 유전, 학대, 머리의 외상 등), 이러한 내담자를 돕는 핵심적인 방법은 활용 가능한 약물뿐 아니라 다른 약물의 경우처럼, 아니 그 약물들보다 훨씬 더 구체적으로 항정신병 약물(antipsychotics)들이 야기하는 중요한 부작용에 대해 이해하는 것이다.

이 범주에 속한 약물들이 기초하고 있는 중요한 가설은 정신병은 도파민 수용체가 과도하게 반응하기 때문에 나타난다는 것이다. 이러한 과잉반응성은 망상적 사고와 환청 및 환각 등을 유발한다. 도파민 수용체를 막음으로써 이 범주의 약물들은 그러한 사고의 빈도, 지속 시간, 심각도 수준 등을 통제할 수 있다.

다른 유형의 약물들처럼 증상이 실제로 경감되는 현상은 내담자에 따라 다르게 나타난다. 그러나 대부분의 내담자는 투약 후 수일 내에 불안한 상태나 환각이 급격히 감소한다. 대부분의 내담자는 6~8주가 지나면 그들의 사고 패턴에 큰 변화를 보인다. 이 사실은 매우 중요한데 그 이유는 내담자들이 투약을 중단하는 두 개의 시점, 즉 초기 2~3일에서 2~3주 또는 수개월 동안 그들의 증상이 크게 감소하여 그들에게 더 이상 약물이 필요하지 않다고 생각하는 시점이 있기 때문이다.

이 범주의 약물이 가진 부작용은 앞서 언급했듯이 매우 심각하다. 이 범주의 약물은 졸음, 몽롱한 시각, 햇빛에 대한 민감성과 같은 전형적인 부작용뿐 아니라 근육경직, 근육경련, 심각한 정동불안 상태 등을 유발한다. 그동안 연구된 것들 중에서 가장 심각하고 항정신병 약물을 복용하는 내담자들의 5% 정도가 겪는 부작용은 지연성 이상운동증(tardive dyskinesia: TD)일 것이다. TD는 입 주변 근육이 가벼운 정도에서 심각한 정도까지 통제할 수 없는 움직임을 유발한다. 어떤 내담자들은 투약을 중단하면 이 부작용으로부터 회복되기도 하지만, 어떤 내담자들은 심각한 떨림 현상이 회복되지 않는 경우도 있다. TD를 훨씬 덜 유발하는 새로운 (비정형) 항정신병 약물들이 있다. 이러한 비정형 항정신병 약물들은 당뇨, 비만, 높은 콜레스테롤 등의 위험을 증가시킨다. 이러한 약물(〈표 6-7〉 〈표 6-8〉 참조)을 복용 중인 내담자들은 투약 중일 때에는 반드시 정기적으로 혈압을 측정할 필요가 있다.

〈표 6-7〉 대표적인 항정신병 약물

약물명	일반 약물
할돌(Haldol)	할로페리돌(Haloperidol)
록시테인(Loxitane)	록사핀(Loxapine)
모반(Moban)	몰린돔(Molindome)
나베인(Navane)	티오틱센(Thiothixene)
스테라진(Stelazine)	트리플루오페라진(Trifluoperazine)
소라진(Thorazine)	클로르프로마진(Chlorpromazine)

〈표 6-8〉 대표적인 비정형 항정신병 약물

약물명	일반 약물
아빌리파이(Abilify)	아리피프라졸(Aripiprazole)
리스페르달(Risperdal)	리스페리돈(Risperidone)
서로퀄(Seroqual)	쿼티아핀(Quetiapine)
지프렉사(Zyprexa)	올란자핀(Olanzapine)

항불안제

항우울제 외에도 장기적으로 복용하는 약물과 함께 사용하여 신속한 효과를 나타내는 몇 가지 유형의 약물이 있다. 여기에는 베타차단제(beta-blockers)와 벤조디아제핀제(benzodiazepines)의 두 유형이 속한다. 이 유형의 약물들은 매우 신속하게 효과가 나타나며(어떤 때는 몇 분 내에도 효과가 나타난다), 항우울제를 복용 중인 내담자들의 불안이 극도에 달할 때나 내담자의 심신을 심각하게 약화시킬 수 있는 상황[예: 심각한 시험불안이 있는 내담자는 시험 전에 클로노핀(Klonopin, 벤조디아제핀제)을 복용할 수 있다]에서 항우울제와 함께 복용할 수 있다.

그러나 벤조디아제핀 계열에 속하는 약물(예: 벤조스, Benzos)은 중독을 야기할 수 있다. 그래서 내담자가 점점 많은 양의 벤조스를 복용할 때 항우울제의 투여량을 함께 증가시킬 것을 고려할 필요가 있다.

인데랄(Inderal)과 같은 베타차단제는 다량의 땀과 떨림 같은 불안 관련 신체 증상을 경감시키기 위해 항우울제와 함께 사용될 수 있다. 이와 같은 유형의 약물은 대체로 심장질환이 있는 내담자에게 처방되지만, 불안 문제를 가진 내담자에게 사용되었을 때에도 불안이 심각한 신체 증상으로 나타나는 것을 실제로 경감시켜 준다.

〈표 6-9〉 대표적인 벤조디아제핀계 약물

약물명	일반 약물
아티반(Ativan)	로라제팜(Lorazepam)
클로노핀(Klonopin)	클로나제팜(Clonazepam)
자낙스(Xanax)	알프라졸람(Alprazolam)

흥분제

내담자가 아동이든, 청소년이든 또는 성인이든 주의력 결핍과 과잉행동의 치료에 사용되는 약물의 일차적 범주는 모두 흥분제(stimulants) 범주에 속한다. 언뜻 보기에 이것은 역설적인 것처럼 보이지만, 뇌의 특정 부위를 자극하면 그 자극은 초점을 맞추는 기능을 하는 다른 부위의 기능을 촉진한다. 예를 들면, ADHD를 가진 내담자의 뇌에서 발생하는 현상에 관한 일차적인 가설 중 하나는 강박성의 증가가 두뇌 피질에 대한 감소된 통제와 관련된다는 것이다. 이 사실은 ADHD 내담자의 피질에서 활동성이 감소된 것을 보여 주는 뇌 영상 자료를 통해서 확인되었다. 흥분제는 피질의 활동성과 기제의 발화를 증가시키며, 그렇게 함으로써 내담자의 사고, 행동, 감정에 대해 좀 더 많은 통제력을 가지게끔 돕는다.

흥분제가 가진 중요한 부작용으로는 불면, 식욕감퇴, 두통, 복통 등이 있으며, 어떤 경우에는 틱이 나타나기도 한다. 좀 더 심각하지만 빈도는 낮은 부작용으로는 심장질환, 뇌졸중 등이 있으며 편집증, 환각, 조증과 같은 정신병적 문제가 증가하기도 한다.

〈표 6-10〉 대표적인 흥분제

약물명	일반 약물
아데랄(Adderall)	암페타민(Amphetamine)
덱세드린(Dexedrine)	덱스트로암페타민(Dexrtroamphetamine)
리탈린(Ritalin)	메틸페니데이트(Methylphenidate)

약물 사용

전문상담사들은 대부분 내담자와 상담할 때 동원하는 일련의 이론적 지향과 치료적 기법을 가지고 있다. 그들은 대부분 상담동의서에 자신들이 내담자와 상담하는 과정을 기술해 두고 있다(예: "나는 인지행동치료에 부합하는 과정에 기초한 상담 접근을 활용합니다."). 그러한 것은 그 어떤 영역에서도 전문적이 되기 위해서 갖추어야 하는 특성이다. 당신은 모든 치료적 도구를 잘 다룰 수 없다. 다만 연습을 통해 몇몇 영역의 접근에서 높은 수준의 기술을 연마할 수 있을 뿐이다. 우리는 약물을 처방하는 의사에게도 똑같은 현상을 발견할 수 있다. 즉, 대부분의 경우 의사들은 이전 내담자에게 유용했던 약물을 처방한다. 이것은 약물을 처방하는 방식에서 패턴을 형성한다. 어떤 이들은 약물 처방에서 패턴을 강조하게 되는 현상은 그 처방으로 인해 제약회사로부터 얻을 수 있는 보상과 회사의 마케팅 때문이라고 주장하기도 하지만, 우리는 의사들이 효과적인 처방을 하고 그것을 고수한다는 사실을 발견했다.

이것은 실무에서 A라는 의사는 우울과 관련된 증상을 보이는 내담자에게 유사한 항우울제를 처방할 개연성이 크다는 것을 의미한다. 전문상담사로서 당신은 내담자의 대변자가 되어 그들이 받은 약물이 효과가 있는지 여부에 대해 그들과 이야기를 나누는 것이 중요하다. 동일한 약물에 대해 내담자는 매우 다른 방식으로 반응한다. 이러한 점에서 우리는 내담자를 모두 다른 특성을 가진 사람으로 대해야 한다.

자가치료

한 내담자가 선택할 수 있는 자가치료(self-medication) 방법은 매우 다양하다. 어떤 경우에는 향정신성 약물과 알코올(특히 과도한 음주)은 약물의 효과를 증진한다. 다른 경우에는 처방된 향정신성 약물을 다른 약제와 함께 복용함으로써 반응이나 효과를 증진시킬 수 있다. 심리적 문제로 수년간 고통받는 어떤 내담자들은 처방된 약물을 오래 사용한 이후에는 자신에 대한 방어로 자가치료에 의존하는 쪽으로 마음이 기우는 경우가 있다. 또 어떤 경우에는 내담자들이 수치, 죄책감 또는 다른 이유 때문에 자신에게 약을 처방해 주는 의사에게 현재 복용하고 있는 화학물질에 관해 속이는 경우도 있다. 이러한 현상은 심리적 · 신체적으로 심각하거나 위험한 결과를 초래할 수 있다. 간 손상, 신장 손상, 심장질환이나 뇌졸중 위험의 증가 등은 처방되지 않은 약물이나 알코올을 처방된 향정신성 약물과 함께 섞어 복용함으로써 초래될 수 있는 결과이다.

결론

오늘날 전문상담사로서 약물을 복용 중이거나 향정신성 약물을 필요로 하는 내담자에게 우리의 추가적인 관심과 주의가 필요하다는 사실을 알게 되었다. 당신이 스스로 약물에 관해 효과적이고 최신의 정보로 무장한다면, 내담자를 교육하고 그들의 이익을 위해 대변하는 데 크게 도움이 될 것이다. 향정신성 약물은 앞으로도 계속 심각한 심리적 문제를 가진 많은 내담자를 위해 필요한 치료 계획 중의 중요한 부분이 될 것이다. 그러나 현실적으로 잊지 말아야 할 핵심은 약물 처방이 내담자 뇌 속의 화학적 · 구조적 측면에 중요한(또는 일시적이라도) 영향을 끼칠 수 있다는 점이다.

복습을 위한 질문

1. SSRI 약물과 SNRI 약물의 중요한 차이는 무엇인가?

2. 향정신성 약물에 대한 당신의 관점이 내담자에게 끼칠 수 있는 영향에 대해 구체적으로 기술하라.
3. ADHD가 있는 내담자의 뇌가 흥분제에 꽤 잘 반응하는 이유는 무엇인가?

제 7 장 뇌 기능의 평가*

내담자의 사고과정, 인지적 손상, 뇌의 과잉 또는 과소 기능 부위 등을 평가할 수 있는 많은 다양한 공식적 또는 비공식적 방법이 있다. 오랫동안 전문상담사들은 내담자의 문제와 그들을 대상으로 하는 상담의 방향을 평가하기 위해 측정도구, 검사 배터리, 비공식적 임상적 판단 등의 도구를 사용해 왔다. 이 장에서는 뇌 기능을 평가하기 위해 현재 임상가, 의사, 또는 다른 조력 전문가들이 사용하는 공식적 도구뿐 아니라 전문상담사들이 내담자들을 좀 더 잘 이해하기 위해 수집한 자료를 더 잘 분석하는 방법에 관해서 논의하려고 한다.

우리는 임상적 문제를 평가할 때 단일 도구를 사용하여 자료를 수집한 후 의미를 부여하는 것보다 다양한 형태의 평가를 사용하는 것이 더 낫다는 점을 모든 전문상담사에게 강조할 필요가 있다(Hood & Johnson, 2007). 이 점은 뇌의 기능을 평가하는 대부분의 평가과정에서도 사실이며 절대적으로 중요하다.

상담에서의 평가: 정신상태평가

상담에서 내담자와 작업할 때 평가는 필수적인 요소이다. 전문상담사는 진단을 내리고 상담 계획을 세우며 내담자와 그들이 상담에 오게 된 문제를 이해하

---

* 제7장은 Tommie Hughes와 공저.

기 위해 초기면접 평가를 수행한다. 이러한 첫 번째 평가에서 가장 기본적이고 핵심적인 요소는 임상적 면접과 정신상태평가(mental status examination: MSE)이다. 임상적 면접은 다양한 형태를 띠며, 깊이나 길이가 내담자의 현재 상황에서의 필요에 따라 달라진다. 대부분의 면접은 기초적 배경 정보, 내담자가 상담 서비스를 찾는 이유를 탐색하지만, 내담자의 발달 배경 관련 다양한 요소 역시 알아 둘 필요가 있다. 발달 배경에는 현재와 과거의 개인 및 가족의 의학적 배경, 심리학적 배경, 개인적 이력과 밀접한 관련이 있는 요소들이 포함된다(Cohen, Swerdlik, & Sturman, 2013). 뇌 기능에 영향을 줄 만한 잠재적 요소를 고려할 때에는 의학적 측면, 특히 신체적 외상이나 뇌 관련 외상 등이 훨씬 더 중요해진다.

임상적 면접의 특별한 측면 중 하나는 개인이 자신을 어떻게 표현하고 설명하는지에 초점을 맞춘 질문 문항 세트로서 MSE이다. 이것에는 면접 중에 보이는 외양이나 행동에 관한 문항들이 포함된다. 또한 내담자가 사람, 장소, 시간, 현재 상황 등에 대해 파악하고 있는지 여부에 관련된 문항들과 기억, 사고, 발화, 언어, 비정상적 기분 또는 의식의 장애 등에 문제가 있는지 여부를 파악하는 문항들도 포함된다. 또한 내담자가 자신의 기능 수준, 판단 능력 그리고 행동과 의사결정을 얼마나 충동적으로 하는지 여부에 관한 통찰 수준 등을 포함한 인지적 기능이 평가된다(Zuckerman, 2005). MSE를 완료했을 때 기억, 발화, 사고과정 또는 행동적 비정상성 등의 요소에 관해서는 특별히 유의해야 한다(Cohen, Swerdlik, & Sturman, 2013).

내담자의 행동, 정서, 사고 측면에 관련된 신경학적 요소를 고려할 때, 명백한 증거(hard sign) 또는 희미한 증거(soft sign)라는 용어가 자주 사용된다. 명백한 증거란 비정상적 반사작용이나 뇌 영상 자료에서 발견되는 실제적인 손상 등을 의미한다. 희미한 증거에는 그림 그리기 검사에서 나타나는 빈약한 수행이나 지능검사의 언어적 · 비언어적 영역에서 보이는 수행 간의 격차 등이 속한다(Cohen, Swerdlik, & Sturman, 2013). 희미한 증거를 측정하는 도구에 대해서는 추상화 능력, 실행 능력 등의 영역에 초점을 맞추어 다음에서 설명할 것이다. 그리고 명백한 증거에 관련된 측정 도구들에 대해서는 그 이후에 설명할 것이다.

추상적으로 사고할 수 있는 능력은 상담과정에 온전히 참여할 수 있는지 여부에 분명히 영향을 끼친다. 이러한 능력은 임상적 면접이나 MSE로 평가될 수도 있지만, 좀 더 공식적인(formal) 도구로도 평가될 수 있다. 전문상담사는 MSE를 사용하면서 내담자에게 일상적인 속담의 의미를 해석해 보라고 하여(Gregory, 1999), 해석의 깊이에 따라 달라지는 추상화의 수준을 평가할 수 있다. 예를 들면, '남의 집 마당의 잔디가 더 푸르다'는 속담은 사람들이 삶에서 보통 다른 사람들이 갖고 있는 것을 기준으로 자신을 판단함으로써 자신이 갖고 있지 않은 것을 갈망한다는 의미로 해석할 수 있다. 좀 더 구체적인 해석으로는 문자적인 해석인데, '말들은 다른 쪽 풀밭이 더 좋다고 생각한다.'와 같은 것이다. 속담검사(Proverbs Test)는 추상화 능력이라는 특정한 영역을 평가하기 위한 도구이며 표준화되고 규준도 마련되어 있다. 언어적으로 접근해서 추상화 능력을 평가하기 위한 검사는 연령에 따라 달리 구성된 웩슬러 지능검사(Wechsler Intelligence Scale)의 유사성 찾기 하위검사이다. 이 하위검사는 두 개의 물체, 예를 들면 배와 포도가 어떤 점에서 비슷한지를 질문한다. 비언어적 검사로는 물체정렬검사(Object Sorting Test)와 위스콘신 카드 정렬 검사(Wisconsin Card Sorting Test) 등이 있다(Cohen, Swerdlik, & Sturman, 2013).

실행 기능 검사 도구들은 상담과정에서 중요한 몇 가지 영역을 측정한다. 내담자는 얼마나 활동을 잘 조직하며 효율적으로 계획을 세우는가? 내담자의 인지적 유연성과 충동 통제 능력의 수준은 어떠한가? 이러한 능력들은 뇌의 전두엽이나 전전두엽과 관련된다(Cohen, Swerdlik, & Sturman, 2013). 집행 기능을 신속하게 평가할 수 있는 도구는 시계 그리기 검사(Clock-Drawing Test: CDT)이다. 이 검사는 다양한 방식으로 검사를 실시하거나 채점할 수 있다. 한 가지 예를 들면, 우선 특정 시간을 나타내는 시계를 그리라고 지시할 수 있다. 이 과제는 대부분의 사람이 쉽게 수행할 수 있지만 여러 가지 인지적 손상이 있는 사람들은 잘 수행하지 못한다. 이 과제를 잘 수행하지 못하는 경우, 이는 인지적 손상, 정신건강 문제, 시각적 기억 손상 등을 시사한다. 따라 그리기 검사는 홀스테드-라이탄 신경심리검사 배터리(Halstead-Reitan Neuropsychological Battery)의 하위검사인데, 이것은 실행 기능 평가의 일부로 활용할 수 있다(Cohen, Swerdlik, & Sturman, 2013).

이 과정에서 사용되는 각각의 검사에 관해 더 깊이 논의하기 전에 상담 영역이 뇌 기능, 구조, 화학적 구성 측면에 관한 자각 수준을 높이고 그러한 측면의 문제를 발견해 내는 기술을 개발해 왔지만, 확실하고 결정적인 결론에 도달하기 위해서는 더 많은 정보를 수집해야 한다는 것을 반복해서 강조한다. 또한 우리는 상담과 심리치료를 해 오면서 우리가 익숙한 상담과정을 활용하여 뇌의 어느 부위에 영향을 끼칠 수 있는지에 관한 정확한 가설을 세울 수 있는 도구를 이미 많이 가지게 되었다. 우리는 이러한 점을 전문상담사가 깨닫기 바란다. 한 가지 예를 들면 다음과 같다.

찰리 사례

찰리는 지난 5년간(간헐적으로 중단되는 시기도 있었지만) 여러 전문상담사로부터 상담을 받아 왔다. 그러다가 그는 분노 조절 문제로 법원으로부터 상담을 받으라는 명령을 받고 마침내 당신을 찾아왔다. 법원이 상담을 받으라는 명령을 내린 이유는 찰리가 친구들과 술을 마시다가 생긴 다툼(지난 6개월간 세 번째 다툼) 때문이었다. 그는 당신에게 자신이 일주일에 3~4일 정도 저녁에 술을 마시며, 술은 잠을 자는 데 도움이 된다고 진술했다. 그가 자신의 과거 사건에 대해 말한 여러 이야기에는 주로 불안에 관련된 주제가 포함되어 있었다. 당신은 찰리의 상담 기록을 들여다보다가 몇 년 전에 어떤 전문상담사가 찰리에게 상태-특성 불안척도(State-Trait Anxiety Inventory: STAI)의 Y 양식으로 불안검사를 실시했다는 사실을 발견했다. 당신은 찰리에게 같은 검사를 다시 실시했다. 그의 상태불안척도 점수는 약간 상승한 반면, 특성불안척도 점수는 매우 높았다. 당신의 임상적 판단, 찰리의 이야기 그리고 검사 점수로부터 당신은 그가 지속적으로 높은 수준의 불안(특성불안) 문제를 겪고 있다는 것을 짐작할 수 있다. 물론 당신은 이 사례에서 불안을 핵심 주제로 보는 한편 우울 진단은 배제할 필요가 있을 것이다. 평가를 통해 얻은 이러한 정보와 지식이 뇌의 과잉 활성화된 부위를 정확히 포착하고 그 부위에 대해 효과적으로 작업하게끔 할 수 있을 것인가?

질문: 여러 가지 증거를 종합해 보았을 때, 찰리는 편도체나 측두엽이 과잉 활성화되어 고통을 겪고 있다는 점을 알 수 있다. 만약 그것이 사실이라면 그의 불안한 특성과 그것을 다루기 위해 술을 가지고 자가치료를 하고 있었다는 것을 설명할 수 있을 것이다.

사실 매우 단순화되긴 했지만, 이 사례는 지금까지 적용한 임상적 기술, 자각, 사례개념화, 게다가 공식적 검사 결과에 뇌에 관한 지식을 추가함으로써 내담자의 문제나 적용 가능한 치료 방향을 좀 더 명료하게 비출 수 있다. 이 사례를 다루는 한 가지 방향은 찰리의 문제를 편도체나 측두엽의 과잉 활성화로 발생하는 문제로 보고 분노 조절 주제를 다루는 것일 것이다. 그러나 그의 뇌 기능을 다른 방향으로 고려하면, 분노 주제는 전두엽과 두정엽 기능의 저하로 나타나는 증상으로도 이해할 수도 있다. 따라서 효과적인 상담은 찰리의 사고과정(논리적 추론 연습)을 조절하고 신체적 행동을 증가시키는 방식(예: 신체적 운동)으로 진행될 수 있을 것이다.

신경기능 검사

신경학적 평가 도구와 그런 도구들의 모음인 배터리 검사 도구는 오래전부터 상담 영역에서 사용되어 왔다(Drummond & Jones, 2010). 이러한 도구들은 개인의 신경학적 활동과 감각운동적 활동의 괴리를 탐지하고 평가하는 데 많이 사용되어 왔다. 이러한 도구 중 많은 것은 뇌와 몸의 여러 부위를 측정하는 여러 개의 하위척도를 포함하고 있다.

〈표 7-1〉에는 내담자의 뇌 내부에서 발생할 수 있는 구조적 문제를 탐지하고 평가하기 위해 현재 사용되고 있는 공식적인 평가 도구의 예들을 소개했다. 다만 모든 도구와 배터리를 사용하기 전에 전문상담사는 검사 제작자들의 요구 사항, 각 검사를 관리하고 있는 주체, 검사를 실시하고 해석할 때 따라야 할 윤리적 지침 등을 준수해야 할 것이다(예: American Counseling Association, 2005).

만약 상담사가 〈표 7-1〉에 제시된 것 중에서 하나 또는 그 이상의 검사로 얻은

〈표 7-1〉 대표적인 공식적 평가 도구

도구명	목적	연령대	수행 시간	구체적 평가영역
벤더-게슈탈트 (Bender-Gestalt)	신경심리학적 손상 평가	아동과 성인	10~50분	정신적 혼란, 운동 기능 통제, 충동성, 분노 폭발, 불안, 수줍음, 철회
홀스테드-라이탄 (Halstead-Reitan)	뇌와 신경체계 기능 평가	15세 이상	6~8시간	지능, 발화, 음조, 지각, 범주화, 시각 기능, 언어 기능
카우프만 신경학적 검사(단축형) (Kaufman Short Neurological Assessment)	인지기능 평가	11~85세		주의집중, 정향, 기억, 지각 기능
루리아-네브래스카 (Luria-Nebraska)	신경심리학적 기능 평가	15세 이상	1.5~2.5 시간	운동, 리듬, 촉각, 시각, 발화, 쓰기, 읽기, 산수, 기억
약식 신경학적 선별검사 (Quick Neurological Screening test)	학습 관련 신경학적 문제 평가			근육 통제, 운동 기술, 리듬, 공간 조직력, 지각, 균형
로스 정보처리 평가 (Ross Information Processing Assessment)	언어 또는 인지 기술 손상 평가			기억, 공간 정향, 조직, 청각 기능, 자료 기억

결과에 접근할 수 있다면, 그 자료는 상담 계획뿐 아니라 특정 내담자를 상담할 때 사용할 기법과 접근을 선택하는 데에도 큰 도움을 줄 것이다.

예를 들면, 35세 여성인 수잔은 기분이 '이상하고' '정신이 없으며' '지속적으로 뭔가를 잊어버리는' 문제로 상담을 받고자 A 기관을 방문했다. 그녀는 접수면접을 전문으로 하는 상담사에게 최근 자신이 겪은 중요한 변화라면 6개월 전쯤에 겪었던 유산이라고 말했다. 접수면접 상담사는 다음과 같이 기록했다. 내담자는 자신의 이야기를 구체적으로 말하는 데 어려움이 있는 것 같으며, 상담 회기 전반에 걸쳐 감정 반응이 거의 또는 전혀 보이지 않았다. 접수면접 상담사는 수잔에게 로스 정보처리 평가(Ross Information Processing Assessment)를 포함한 몇 가지 검사를 받을 것을 권유했다. 로스 정보처리 평가에서는 다음과 같은 결과를 보였다. 수잔은 기억, 조직, 청각 기능에서 정보의 입력 및 출력에 이상을 보인다. 수잔을 의뢰받은 전문상담사는 현재 그녀와 상담을 진행하고 있다.

이 사례에는 여러 가지 치료 기법과 이론적 관점이 적합할 수 있지만, 전문상담사는 수잔의 뇌에 문제가 있는지 그리고 문제가 있다면 어느 부위의 기능에 문제가 나타나는지를 평가하는 것으로부터 시작했다. 검사 결과를 분석하고 그 결과에 대해 내담자와 논의하면서 수잔의 삶에 중요한 상실(유산)이 측두엽(기억, 언어, 정서와 관련된 부위)에 상당히 심각한 변화를 초래할 수 있음이 분명해졌다. 내담자를 압도하는 슬픔은 전두엽을 훨씬 많이 활성화시킴으로써 측두엽이 체험하는 정서로부터 내담자를 '보호'하려는 시도를 한다. 측두엽의 기능이 축소되면서 내담자의 정서 경험이 제한되며, 이와 동시에 기억이나 발화 기능 역시 상실되는 것 같았다.

전문상담사는 내담자가 현재 실제로 자신의 기억에 관련된 뇌 부위에 접근하지 못하고 있으면서 자신의 상실에 관해 이야기하기 어려워하는 것을 저항이나 방어기제로 잘못 해석할 수도 있다.

그렇다면 전문상담사는 어떻게 개입할 수 있는가? 내담자가 겪은 상실을 극복하는 법을 습득하고 전반적인 안정감을 회복하게끔 돕는 방법 중 하나는 표현적

예술 기법을 활용하는 것이 될 수 있다. 음악, 시, 그림, 모래상자든 또는 다른 기법이든 그것들이 뇌에 끼치는 영향은 전두엽 또는 좌뇌 전체의 관여나 영향력을 줄이는 한편 측두엽의 활동성을 증가시킬 수 있는 좌뇌 활동을 강화하는 것일 것이다. 그러나 여기에서 유의할 점은 이 사례에서 신체적 질병이나 뇌의 기질적 외상 같은 의학적 문제는 배제되어야 한다는 점이다.

앞의 〈표 7-1〉에서 소개한 도구들은 현재의 뇌 기능과 뇌에 관련된 문제와 인지적 한계 등을 평가한다는 강점이 있다. 다음 절에서는 유용한 자료를 수집하기 위한 자기보고식 도구 외에 임상가들에 의해서만 사용될 수 있는 도구들을 소개하고 있다.

자기보고식 척도와 뇌 기능 체크리스트

모든 자기보고식 척도가 갖고 있는 내재적 한계는 내담자들이 자신들의 증상이나 문제를 스스로 기술하는 위치에 서 있다는 점이다(Hood & Johnson, 2007). 어떤 경우에는 내담자가 자신의 증상을 과장해서 묘사하지만, 다른 경우에는 자신의 문제를 최소화하거나 부정한다(예: 알코올 사용 자기보고 도구). 따라서 이러한 도구로부터 얻은 자료는 다른 자료와 함께 복합적으로 사용되어야 한다(예: 임상적 관찰, 다른 자기보고식 척도, 심리학적 검사 등).

요즘에는 임상적 문제와 뇌 기능이나 화학적 특성 또는 구조적 문제를 탐지하는 데 도움이 되는 도구가 매우 많다. 앞에서 제시한 찰리의 사례에서 볼 수 있듯이, STAI 같은 자기보고식 척도는 내담자의 뇌가 가진 잠재적인 문제에 대한 이해 수준을 높일 수 있다. 내담자 뇌의 중요한 과잉활동성 또는 과소활동성을 탐지하는 데 도움이 되는 다른 도구의 예들은 〈표 7-2〉에 제시되어 있다.

〈표 7-2〉 대표적인 평가 도구

도구명	목적	연령대	수행 시간	구체적 평가 영역	뇌 영역/체계
벡 우울척도-II (Beck Depression Inventory-II)	내담자가 경험하는 우울 증상 정도 측정	13세 이상	5~10분	우울	세로토닌성(낮음) 노르아드레날린성(낮음)
외상후 스트레스 진단척도 (Post-traumatic Stress Diagnostic Scale)	내담자가 PTSD를 가졌는지 평가	성인	5~10분	외상 스트레스	세로토닌성(높음)
코너스 평정척도 (Connors Rating Scale)	아동의 행동 평가	아동 및 청소년	5분	강박성, 과잉활동성, 주의력 결핍	노르아드레날린성(낮음) 세로토닌성
SCL-90 (Symptom Checklist 90-Revised)	내담자가 임상적으로 중요한 심리적 문제를 가졌는지 평가	15세 이상	10~15분	강박신경증, 우울, 불안, 적개심, 정신병, 신체화	세로토닌성

뇌 스캔

의심할 여지없이 뇌의 구조와 화학적 특성의 평가와 관련된 최근 발생한 가장 중요한 기술적인 발달은 뇌 영상 장치이다. 대부분의 전문상담사는 그러한 장치에 정기적으로 접근할 기회가 없지만 때때로 내담자들이 그러한 검사를 받는 경우가 있다. 이러한 영상 자료들은 의사뿐 아니라 상담사들에게도 내담자의 뇌에 영향을 끼치는 생물학적 문제에 관한 정보를 제공해 준다. 더욱이 전문상담사들이 이러한 기계 장치들이 작동하는 방식과 장치를 통해서 얻는 결과를 이해한다면, 그들은 신경생물학적인 연구 결과를 효과적으로 활용할 수 있는 위치에 서게 된다. 마지막으로, 이와 같은 최신의 평가 도구에 관한 정보와 지식을 갖춘 전문상담사들이 누릴 수 있는 또 하나의 이점은 뇌와 관련된 주제나 문제에 관해 내담자들이나 다른 전문가들과 의사소통할 수 있다는 것이다.

컴퓨터 단층촬영

컴퓨터 단층촬영(Computerized Tomography: CT)은 뇌를 2차원으로 촬영함으로써 임상가나 전문상담사가 뇌의 구조를 탐색할 수 있는 기회를 제공한다. 이러한 형태의 뇌 영상은 더 최근에 개발된 자기공명영상(MRI)에 비해 다소 오래된 기술이지만, 비정상적으로 기능하는 뇌와 정상적으로 기능하는 뇌를 선명하게 촬영한 단층 사진 여러 장을 서로 비교할 수 있게 함으로써 신경생물학이라는 영역을 열기 시작했다. 뿐만 아니라 요즘에는 최신의 소프트웨어들이 개발되면서 이러한 2차원 영상들을 한 장씩 쌓아 꽤 선명한 3차원 영상으로 구성함으

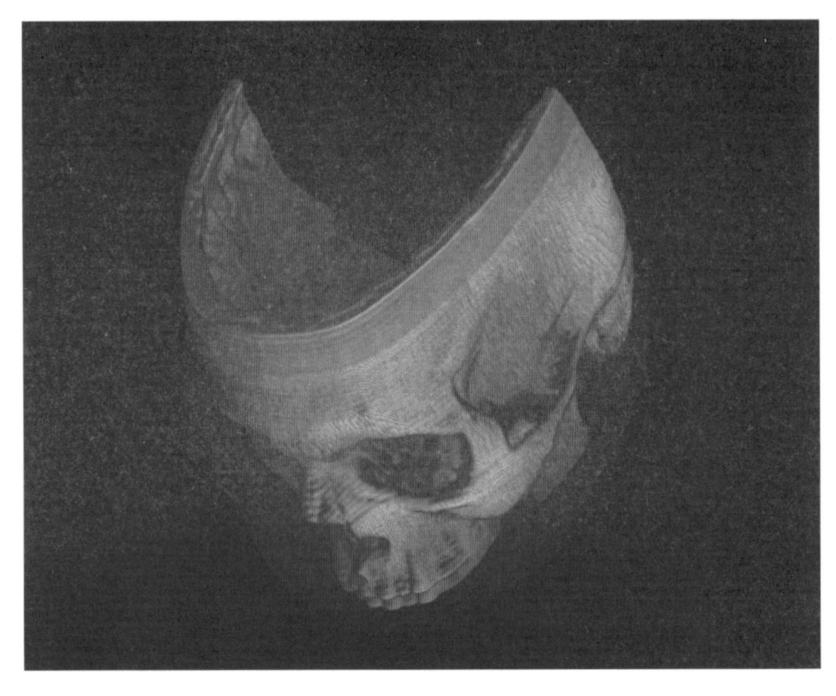

[그림 7-1] 인간의 두개골에 대한 CT 이미지

로써 더 다양한 방식으로 비교할 수 있게끔 해 주었다. CT는 기본적으로 엑스레이(X-ray)의 특수한 형태이다. 즉, 다양한 각도에서 뇌의 엑스레이를 촬영함으로써 뇌를 여러 방향에서 관찰할 수 있게 해 준다. 이러한 2차원 엑스레이들을 쌓아 표본에 대한 3차원의 총괄적인 이미지를 제공한다. [그림 7-1]은 인간의 두개골에 대한 CT 이미지이다. 두개골에 대한 여러 장의 2차원 엑스레이를 쌓아올려 3차원으로 보이는 이미지를 창출해 냈다.

자기공명영상

자기공명영상(Magnetic Resonance Imaging: MRI)은 인간의 몸을 비침투적인 방법으로 검사할 때 사용하는 또 하나의 대표적인 기계 장치이다. MRI 기술은 인간의 세포 조직 속에 수소가 풍부하다는 사실(Harper, Rodwell, & Mayes, 1977)과 수소 원자가 자기장 내에 있을 때 자력에 의해 자기들끼리 일렬로 정렬된다는 사실에 기초한다([그림 7-2] 참조). 일단 뇌의 수소 원자들이 자기장 내에서 정렬되었을 때 전자기파를 걸어 원자를 동요시키면 전류가 흐르게 되는데, 그것은 측정될 수 있고 또 3차원의 이미지로 변환될 수 있다. MRI에서 표시되는 색깔은 뇌의 그 부위가 활성화된 정도를 보여 주는데, 활성화가 많이 된 부위일수록 붉은색 계열로 표시된다.

MRI는 강력한 자석을 활용하여 사람의 몸속에 전자기파가 관통하게끔 하는 방식으로 작동한다. 이러한 파동의 미세한 변화는 고성능의 컴퓨터 프로그램을 통해 탐지된다. 이 과정에서는 자석이 활용되는데, 자석은 전자기파가 걸릴 때 자료(또는 이미지)를 산출하는 수소 원자의 양자를 정렬시킨다. 여기에서 사용되는 컴퓨터는 신체 내부에서 발생한 아주 작은 변화까지 포착할 수 있는 이미지를 산출한다.

이러한 이미지는 2차원 또는 3차원 공간에서 뇌 속의 서로 다른 세포 조직을 구분할 때 주로 사용되었는데, 이것은 뇌 속 세포 조직의 시간에 따른 변화나 구

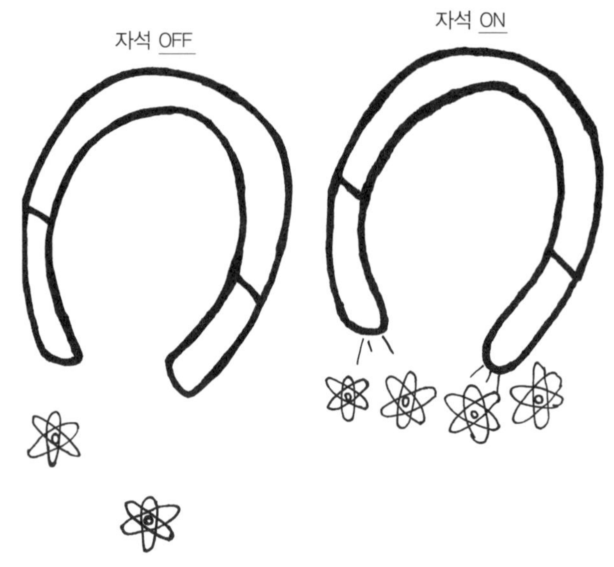

[그림 7-2] MRI와 자석
MRI를 개발하는 과정에는 자석이 매우 유용하게 사용되었다.

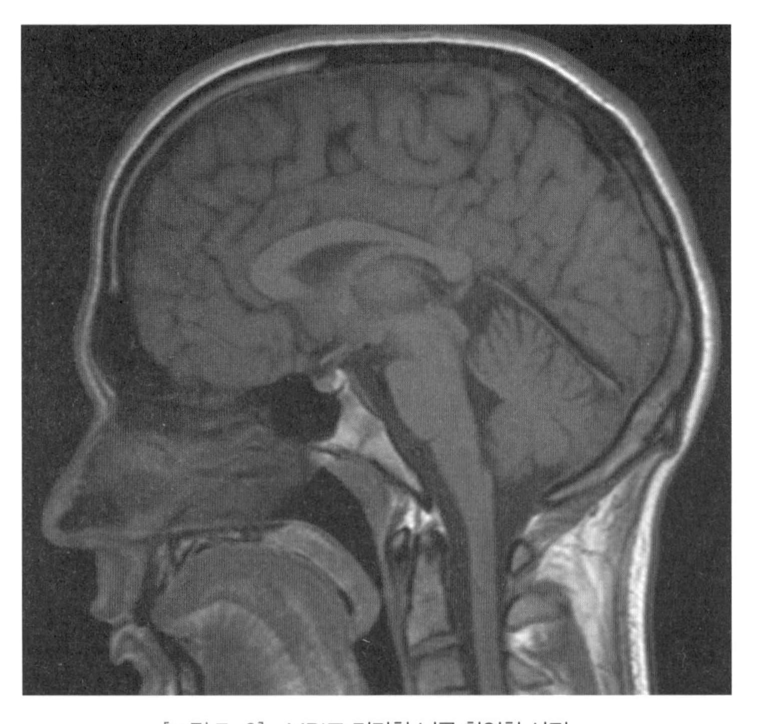

[그림 7-3] MRI로 건강한 뇌를 촬영한 사진

조상의 크기 변화를 탐지할 때에도 사용될 수 있다. [그림 7-3]에 제시되어 있는 MRI 이미지는 건강한 성인의 뇌를 보여 준다.

기능적 자기공명영상

기술의 발전을 통해 자기공명영상은 스캔으로부터 얻을 수 있는 훨씬 많이 진보되고 발달된 자료들을 포함하게 되었다. 기능적 자기공명영상(Functional Magnetic Resonance Imaging: fMRI)은 MRI와 유사한 형태를 가진 기계를 사용해서 순간적인 사진을 찍을 수 있는 데 반해, MRI는 실시간 자료를 수집하는 데 사용될 수 있다. fMRI 장치는 해상도도 높기 때문에 커다란 구조물의 이미지뿐 아니라 뇌의 각 부위의 혈액(또는 산소) 수준을 보여 준다. 이 자료는 뇌의 어떤 부위가 활성화되고 비활성화되는지를 실시간으로 좀 더 선명하게 보여 주는 사진을 산출한다.

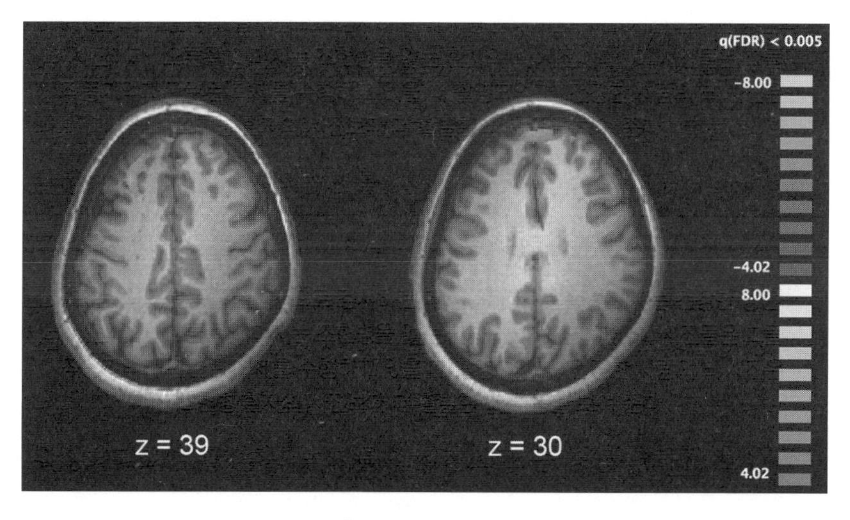

[그림 7-4] fMRI와 뇌

fMRI는 뇌의 활동을 실시간으로 검사하는 데 사용된다. 왼쪽 이미지는 건강한 성인의 뇌 사진이다. 오른쪽 이미지는 조현병을 앓는 환자의 뇌 사진이다. 이 사진들은 그들이 작동기억과 관련된 과제를 수행하고 있을 때 촬영되었다. 건강한 사람의 뇌 사진은 조현병 환자의 사진보다 더 활발한 뇌 활동을 보여 준다.

양전자 방출 단층촬영

MRI처럼 양전자 방출 단층촬영(Positron Emission Tomography: PET)도 최근에 등장한 또 하나의 뇌 스캔 장치로, 뇌의 기능을 좀 더 선명하게 이해하게끔 해 준다. PET 기술은 뇌의 모든 세포의 일차적 에너지원이 되는 산소와 글루코스 소비 수준의 변화를 탐지함으로써 뇌 활동을 측정한다. 측정 시 환자가 스캐너 속에 들어가기 전에 소량의 방사성 물질을 환자의 혈류 속에 주사한다. 글루코스와 산소는 혈액을 통해 모든 세포로 운반되기 때문에 활동 수준이 높은 세포들은 그렇지 않은 세포들에 비해 더 많은 방사성 물질을 흡수한다. 조직과 세포들의 기능과 활동은 방사성 물질이 주사된 후의 사진을 활용하여 평가한다.

방사성 물질이 사용되는 이유는 그것이 높은 수준의 화학적 활동을 보이는 신체 부위에서 응고하기 때문이다. 따라서 PET를 사용하여 뇌를 촬영하면, 그것은 발화가 많은 신경세포 부위를 나타내는 이미지를 산출한다. PET 이미지는 기대보다 활동 수준이 낮은 부위를 지목해서 보여 줄 수도 있다. [그림 7-5]는 두 환

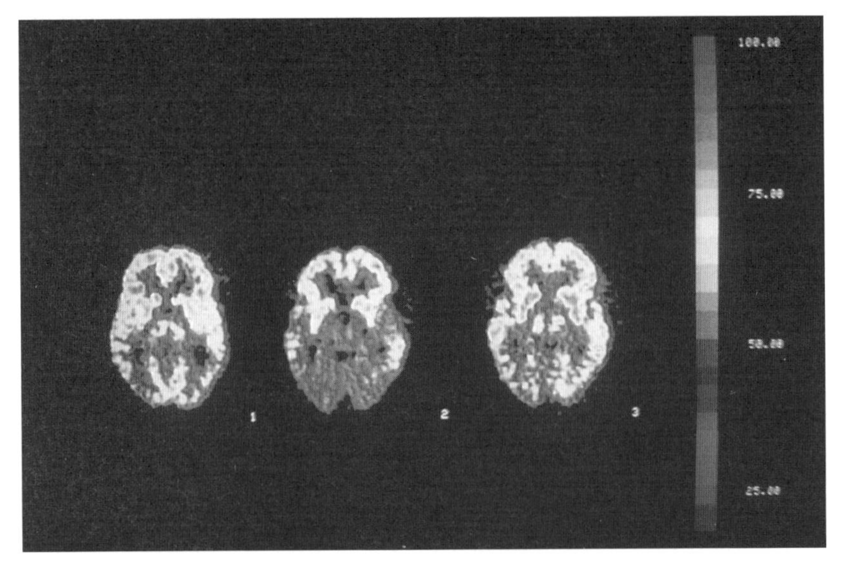

[그림 7-5] PET와 뇌: 건강한 사람의 뇌(사진 1), AIDS 환자의 뇌(사진 2와 3)
AZT를 사용한 치료는 AIDS 환자의 뇌 활동성을 증가시켰다(사진 3).

자 집단, 건강한 통제 집단(좌측 끝 이미지)과 AIDS 환자(중앙과 우측 이미지)로부터 스캔한 PET 이미지를 비교해서 보여 주고 있다. 이 스캔 이미지들은 AZT[1]를 활용한 치료가 AIDS 환자의 뇌 활동에 의미 있는 영향을 끼치고 있음을 보여 준다. [그림 7-5]에서 볼 수 있듯이 치료가 제공되지 않은 AIDS 환자의 뇌(중앙)는 치료가 제공되고 있는 환자의 뇌(우측)에 비해 덜 활성화되고 있다.

당신의 현재 가지고 있는 지식을 활용하라

전문상담사가 가지고 있는 가장 큰 재능 중 하나는 내담자들의 깊은 내면에서 이루어지는 사고과정이나 정서 반응을 평가하고 밝힐 수 있는 능력이다. 이러한 능력은 공감, 적극적 경청, 그리고 다른 사람의 존재와 이야기, 메시지, 의미 등과 진정으로 연결되고 그것들을 정확하게 이해함으로써 발휘된다. 그것은 당신이 선택한 일이거나 또는 어쩌면 그 일이 당신을 선택했을지도 모른다. 아니, 서로가 서로를 선택했을 수도 있다. 이러한 전제하에 우리는 전문상담사에게 내담자에 관한 사례개념화를 하고 내담자의 뇌 기능을 평가하며 과잉 또는 과소 활성화된 뇌 부위에 관해 가설을 세워 볼 것을 권장한다. 공식적인 평가 도구나 뇌 영상 촬영 기법을 사용하는 것이 큰 가치가 있고 또 그러한 자료들은 뇌의 구조나 화학적 문제들을 정확히 짚어내는 데 사용될 수 있지만, 우리는 당신이 현재 가지고 있는 기술 역시 그러한 평가를 하는 데 중요한 가치가 있다고 생각한다.

결론

앞으로 수년 또는 수십 년간 평가, 특히 뇌 영상 기법을 통한 평가의 가치는 급

1) 역자 주: AZT(azidothymidine, 아지도티미딘)는 HIV/AIDS 예방 및 치료에 사용되는 약제이다.

속도로 높아질 것이다. 새로운 도구를 가지고 우리는 각 사람이 서로 다른 자극으로부터 실시간으로 얻는 경험을 평가하고 탐지할 수 있는 기회를 얻게 될 것이다. 이러한 일이 반복되면 뇌의 기능과 심리적인 문제(또는 삶의 문제)를 연결하여 과학적으로 연구할 수 있는 자료들이 축적될 것이다. 그때까지 우리는 전문상담사가 현재 사용되는 평가 도구뿐 아니라 뇌와 그것의 여러 부위 및 활동들에 관한 좀 더 철두철미하고 분명한 인식을 기초로 내담자를 좀 더 깊이 이해하는 최신 기술을 활용하는 기량과 능력을 가지게 될 것이라고 믿는다.

복습을 위한 질문

1. 내담자의 뇌 기능을 평가하는 세 가지 도구(또는 기법)를 들고, 각각에 대해 설명하라.
2. 영상을 활용하는 기법과 검사나 전통적 평가 도구를 사용하는 기법 간의 중요한 차이점을 설명하라.
3. MSE의 활용법과 평가과정을 기술하라.

제8장 뇌의 활약: 뇌의 관점에서 본 상담실제

그 어떤 순간의 상담사와 내담자 간 반응을 선택해서 살펴보더라도 그 상호작용이 전개될 수 있는 방향의 다양성은 매우 크다. 그래서 상담을 하나의 과정이라고 하는데, 상담과정은 끊임없이 변화하고 유동적이다. 따라서 우리는 여러분이 다음의 사례들을 읽으면서 전문상담사의 반응이 옳은지 또는 그른지 가늠하느라 시간을 낭비하지 않기 바란다. 그 대신 제시된 사례들의 상호작용에 내포된 신경생물학적 측면을 고려할 때 상담과정을 새롭고 좀 더 포괄적인 관점으로 이해할 수 있는 가능성을 인식하기 바란다.

수의 사례

상담사: 수, 오늘은 어떤 이야기를 할까요?

수: 요즘은 기분이 정말 많이 처져 있어요. 제 생각엔 아마 프레드와 제가 헤어진 이후부터인 것 같아요.

상담사: 제가 알기로 프레드는 오래전부터 남자친구였던 것 같은데요.

수: 네, 그랬어요. 저는 그저 (울기 시작한다.) 결과가 이런 식이 아니었으면 좋았을 것 같아요.

의사결정이 필요한 지점

상담이 상실의 정서적 측면을 다루는 쪽으로 더 진행된다면 내담자 뇌의 어느 부위에 접근하는 것인가?

측두엽

만약 상담사가 내담자에게 이런 헤어짐을 통해서 무엇을 배웠는지 고려해 보라고 한다면, 내담자 뇌의 어느 부위에 접근하는 것인가?

전두엽

여기에서 우리는 회기 초기부터 어떤 주제를 다룰지, 내담자에게 어떤 방향으로 질문할지에 관한 상담사의 결정에 따라 접근하게 되는 내담자 뇌의 부위가 크게 달라진다는 사실을 알 수 있다.
상담사가 후자의 반응을 했다고 가정해 보자.

상담사: 저는 이 지점에서 당신의 감정과 에너지를 확실히 많이 느낄 수 있어요. 그런데 이러한 관계에서 당신은 무엇을 배울 수 있었는지 궁금하네요.

수: 글쎄요. 저는 사랑하는 그 누군가가 다른 사람을 만나 떠나는 것이 얼마나 상처가 되는지 배운 것 같아요. 그리고 그러한 고통이 얼마나 깊어질 수 있는지도 배울 수 있었고요.

이 시점에서 상담사는 내담자가 진정한 정서(깊은 감정)를 나타내고 있고, 가장 많이 활성화되는 뇌 부위가 아마도 **측두엽**일 것이라는 사실을 인식할 수 있다.
그렇다면 이제 무엇을 할 것인가?
상담사는 정서에 좀 더 머무를 수도 있거나 또는 현재 덜 활성화된 뇌 부위로 내담자가 옮겨 가게끔 할 수도 있다.
상담사가 후자의 선택을 했다고 하자.

상담사: 저는 당신이 그에 대해 이야기할 때 주먹을 꽉 쥐고 있는 것을 볼 수 있었어요. 당신이 주먹을 쥘 때 당신의 손과 팔뚝에서 느낄 수 있는 느낌에 대해 좀 더 이야기해 줄 수 있겠어요?

수: 저는 제가 그러고 있다는 것조차 깨닫지 못하고 있었어요. 제가 손톱으로 제 손바닥을 파고 있었는데, 제 손이 젖어 있는 것을 느꼈어요. 그리고 제 팔뚝에서는 아무런 느낌도 느껴지지 않았어요.

상담사: 이제부터 제가 하는 이야기는 좀 이상할 수도 있는데, 당신이 좀 전에 '파고 있다'고 말했는데 그것을 직접 행동으로 해 볼 수 있어요?

수: 아마……. (자신의 손과 팔을 마치 작은 삽을 가지고 파는 것처럼 움직인다.)

> 이 대화를 보면, 회기를 시작한 지 몇 분 되지 않았지만 전문상담사는 여러 기법을 사용하여 내담자가 측두엽에 갇힌 상태에서부터 그녀의 (그 순간에는 바로 작동하지 않았던) 전두엽으로, 그리고 이후에는 두정엽(감각 자극과 운동 행위와 관련된 부위)으로 옮겨 가게끔 했다.
> 이제 어떻게 할 것인가?

상담사: 물론 '파고 있다'는 것은 사람마다 다른 의미를 가지고 있지요. 저는 이러한 '파고 있다'는 행동과 생각이 당신에게 어떤 의미가 있는지 궁금해요.

수: 글쎄요. 선생님이 제게 어떤 이야기를 원하시는지 잘 모르겠어요. 하지만 저는 제 엄마와 정말 관계가 좋지 않았어요. 아시잖아요? 아마 제가 그 이야기를 또 파게 되는 것 같은데요. 그러니까 선생님도 아시겠지만 제가 상담에서 이런 얘기를 많이 했지요. 제가 10대였을 때 엄마가 항상 "수…… 더 해 봐. …… 너는 매번 스스로 속을 파고 또 파곤 하잖아!"라고 말했다고. 저는 엄마가 그런 말을 할 때 정말 싫었어요.

이 대화에서 전문상담사는 다른 뇌 부위에 접근하기를 시도했지만, 내담자는 계속 측두엽에 머물러 있었다. 이 지점에서는 내담자가 자신의 기억을 두드렸다. 상담사는 아주 잠시 동안이지만 내담자로 하여금 두정엽으로 옮겨서 접근하게끔 했다. 많은 상담사도 알겠지만, 치료적으로 도움이 되는 방향은 여러 가지가 있다.

상담사: 지금까지 프레드와 당신이 맺고 있던 관계의 상실, 그리고 당신의 어머니와 몇 가지 해결되지 않아 보이는 몇몇 감정에 대해서 이야기했어요. 맞나요?

수: 네, 그래요. 엄마에 대해서는 그렇게 많이 생각하지 않아요. 그런데 그 관계에도 확실히 여러 가지 주제가 많은 것 같아요.

상담사: 상실이나 의미 있는 관계 같은 것들이 당신 삶에서 중요한 주제인 것 같네요.

수: (울기 시작한다. 그리고 그렇다는 의미로 고개를 끄덕인다.) 물론 그렇지요.

의사결정이 필요한 지점

이 지점에서 전문상담사는 좀 더 심층적으로 들어가야 하는가, 아니면 피상적인 수준에 머물러야 하는가? 상담사는 고통과 정서를 다루어야 하는가, 아니면 좀 더 인지적 측면에 머물러야 하는가? 상담사는 과거를 다루어야 하는가, 현재를 다루어야 하는가, 또는 미래에 초점을 맞추어야 하는가? 이와 같은 질문들은 이 시점에서 상담사 앞에 놓인 선택지들이다. 내담자는 매우 정서적인 상태(측두엽)에 있는 것처럼 보인다. 따라서 내담자를 그 자리에 머물게 하고 다른 쪽 반구보다 기능이 좋은 반구의 힘을 활용하는 것이 효과적일 수 있다. 그러나 어떤 쪽의 반구를 활용할 것인가? 좌반구는 논리에 관여하고, 우반구는 상상과 창의력에 관여한다. 우리의 전문상담사는 우반구를 활용하기로 결정했다.

상담사: 당신은 어머니에 대해 몇 가지 중요하고 생생한 감정을 가지고 있네요. 당신이 아직 해소하지 못한 어떤 것이 있는 것처럼 보여요.

수: 네, 맞아요. 아주 많지요.

상담사: 제가 하는 말이 좀 이상할 수도 있는데, 오늘 우리가 어떤 것을 새로 시도해 볼 수 있을 것 같아요. 오늘 당신은 좀 창의적이 되어서 새로운 것을 시도해 볼 의향이 있나요?

수: 물론이죠.

상담사: 잠시 시간을 가지고 당신이 청소년이었을 때 어머니와 당신의 모습을 머릿속에 그려 보세요.

수: 어……! 좋아요. 잠시 생각할 시간을 주세요.

> 수는 자신의 어머니와 자신을 상상하기 시작했다. 물론 그 이후에 상담사와 내담자는 (내담자의 우반구에 접근함으로써) 관계, 관계의 상실 그리고 그와 관련된 사고와 감정을 다룰 수 있다. 그러나 이 사례에서 내담자를 우반구로 이동시킴으로써 내담자는 측두엽에 고착되지 않고, 좀 더 자유롭게 상실과 관련된 자신의 주제와 문제를 다룰 수 있게 된다.

조의 사례

상담사: 조, 안녕하세요? 오늘은 어떤 이야기로 시작할까요?

조: 안녕하세요? 오늘은 제 기분의 변화에 대해 좀 더 많이 이야기하는 게 좋겠어요. 지난주에는 꽤 안 좋았거든요.

상담사: 네, 지난주에 기분이 정말 많이 오르락내리락했나 봐요.

조: 맞아요. 저는 약이 효과가 있어야 한다고 생각하는데, 지금은 그 약 때문에 제 불안도 더 심해지고 점점 더 감정을 통제하기 어려워지는 것 같아요.

상담사: 그렇군요. 그러니까 당신은 지금 시탈로프람[1] 10mg을 복용하고 있는 거 맞지요?

조: 네, 몇 주 전에는 5mg을 복용했는데, 의사가 약을 두 배로 늘렸어요. 제 불안을 줄이는 데 그 약이 아무런 효과가 없었거든요.

상담사: 그러니까 당신은 복용량을 5mg에서 10mg으로 늘렸을 때 뭔가 크게 달라지는 것을 알아차릴 수 있었다는 이야기로 들려요. 약을 늘리기 전후에 가장 큰 차이가 무엇이었나요?

조: 5mg을 복용했을 때, 저는 아무런 변화가 없는 것 같았어요. 지금 10mg으로 늘리니까 어떤 때는 제가 정말 극도로 행복함을 느꼈다가도 좀 지나면 이전보다 더 심하게 긴장되고 걱정이 많아져요.

논의할 점

상담 회기 중 이 시점에서 상담사 앞에는 몇 가지 중요한 선택지가 놓여 있다. 그중 하나는 상담사가 약물과 그것의 부작용, 약물을 바꾸었을 때 나타나는 문제 그리고 고려해 볼 수 있는 다른 약물들에 대해 논의할 수 있다는 것이다. 또 하나는 상담사가 기분이 좋은 상황과 불안해지는 상황을 평가하고 그 상황에서 겪는 긍정적인 면과 부정적인 면들에 대해 작업할 수 있다는 것이다.
상담사가 전자(약물에 관한 논의)를 먼저 선택하고 후자에 대해서는 나중에 논의하기로 계획을 세웠다고 가정해 보자.

상담사: 당신이 의사를 만나서 처방에 관해 점검을 받았고, 의사는 복용량을 5mg에서 10mg으로 늘렸어요. 그런데 저는 불안을 경감시킬 수 있는 다른 약에 대해서도 당신과 함께 이야기를 하고 싶어요. 혹시 다른 약에 대해 의사와 의논한다는 생각은 해 봤나요?

1) 역자 주: 시탈로프람(citalopram)은 선택적 세로토닌 재흡수 억제제(SSRI) 계열의 항우울제이며, 현재 국내에서 가장 많이 사용되는 SSRI 계열 약제 중 하나이기도 하다.

조: 그런 것 같은데요. 그러니까 제 말은 제 의사는 약에 대해 많은 것을 알고 있고, 대부분의 환자가 겪는 불안에 대해서는 이 약이 효과가 좋다고 했어요.

상담사: 그 약이 많은 사람에게 효과가 좋다는 말이 사실일 수도 있어요. 그리고 당신은 그 약이 몸 안에서 충분히 약효를 발휘하기까지 시간이 더 필요하다는 사실에 대해서도 고려할 필요가 있어요. 하지만 모든 사람이 같은 약에 대해 동일하게 반응하는 것은 아니에요. 의사들은 처방을 할 때 대체로 약물의 효과를 평가하고 가장 잘 맞는 약물을 고르게 돼요. …… 우리가 생각하듯이 완벽하고 정확한 과학적 절차로 진행되는 것이 아니에요.

조: 흠…… 아마도 제가 지금쯤이면 약효가 나타나야 한다고 생각했던 것 같아요. 아마도 의사에게 말해 보는 게 좋겠네요.

논의할 점

이제 상담사는 내담자에게 약을 처방해 주는 의사에게 내담자 자신의 입장을 스스로 옹호할 수 있다는 생각을 심어 줄 수 있다. 그러나 반대로 상담사는 회기를 시작할 때 내담자가 꺼냈던 이야기를 중심으로 하되 뇌에 관한 이해를 가지고 있는 상담사의 관점에서 상담을 진행할 수도 있다.

상담사: 좋아요, 조. 당신은 지난주에 기분의 변화가 있다고 말했는데……. 이번 주에 했던 긍정적인 생각에 대해 좀 더 이야기해 주면 좋겠어요.

조: 아마 대체로, 그러니까 제 말은 이번 주에는 전체적으로 덜 불안했던 것 같아요. 그 무엇에 대해서도 전혀 걱정하지 않았던 몇 번의 시간이 있었던 것 같네요.

상담사: 좋아요. 정말로 당신에게는 약간의 변화가 있었다는 이야기 같아요. 당신이 걱정하지 않고 있다는 것을 알아차리게 되었을 때 당신에 대해서 더 긍정적이고 더 행복하게 느꼈던 것 같아요.

조: 물론이지요. 선생님도 아시다시피 그럴 때는 제가 정상인 것 같았어요. 어제 같은 날에는 제가 출근했는데, 제 상사가 들어오더니 우리가 퇴근 전까지 해야 할 일을 마쳐야 한다는 거예요. 이전 같으면 저는 아마 '흠…… 그가 아마도 지금까지는 내가 해야 하는 만큼 일을 잘 하지 못한다고 생각하는구나.'라고 생각했을 거예요. 하지만 어제는 그저 그와 이야기하기 시작했고 우리는 일을 마칠 수 있는 좋은 방법을 선택해서 했어요. 기분이 아주 좋았어요.

상담사: 당신 이야기에서 자부심 같은 것이 느껴져요.

조: 그렇지요. 자부심. 맞아요. 마치 내 주변의 일들이 완벽하지 않을 때라도 나는 괜찮다라는 식이랄까. …… 자부심이란 것이 내가 나를 비난하지 않는 것을 말하는 것 같아요. 아마 약이 효과가 있나 봐요. (웃음)

논의할 점

이 회기의 한 시점에서 전문상담사는 서로 다른 유형의 신경과학적 상담과정을 진행했다. 상담사는 약물 처방에 대해 내담자가 자신을 옹호하는 방법을 도와주었고, 이와 더불어 내담자의 실제 뇌 부위에 대해서도 작업을 했다. 즉, 긍정적인 부분을 강조하고 확대함으로써 상담사는 내담자의 전두엽에 접근했다고 볼 수 있다.

알리의 사례

상담사: 알리, 안녕하세요? 어디서부터 시작하면 좋을까요?

알리: 글쎄요. 좀 이상하게 들릴 수도 있지만, 최근에 아버지에 대한 꿈을 꾸고 있어요.

상담사: 아버지에 대한 꿈이 좀 새롭기도 하고, 왜 그런 꿈을 꾸는지 잘 모르겠다는 것처럼 들려요.

알리: 맞아요. 그러니까 제 말은, 아버지와의 관계가 매우 나쁘긴 했지만 그 모든 것은 오래전에 제가 극복했거든요.

상담사: 나쁜 관계라는 게……?

알리: 글쎄요. 흠…… (주저하면서) 그러니까 아버지는 엄마와 형 그리고 누나들을 자주 때리곤 했어요.

상담사: 저런, 아버지가 당신도 때렸나요?

알리: 네, 그랬어요.

논의할 점

이 대화 내용에서는 분명하게 드러나지 않지만, 상담사는 이 시점에서 내담자의 이야기에 대해 일종의 강한 반응을 체험했다. 내담자는 아버지로부터 받은 학대를 묘사하고 있었는데, 상담사 역시 그녀의 아동기에 유사한 경험을 겪었다. 그런데 이 상담사의 경우 자신의 학대 문제가 충분히 해결되지 않은 상태였다.

상담사와 내담자의 삶이 유사하다는 점이 상담사의 공감 능력에 유용하기는 하지만, 내담자의 전반적인 이야기는 상담사에게 강하고 즉각적인 반응을 일으켰다. 상담은 이런 식으로 계속 진행되었다.

상담사: 당신이 아직 아버지를 꽤 많이 미워할 수밖에 없다는 생각이 드네요.

알리: 글쎄요. 제 생각에는 아마 제가 아버지를 항상 미워한 것 같지는 않아요. 저는 그저 우리가 좀 더 친밀했으면 좋았겠다 싶은 거지요.

상담사: 물론 그렇지요. 하지만 완전히 소화되거나 변화될 수는 없는 부분이 있을 것 같아요. (상담사는 마음속에서 학대에 관련된 트라우마를 떠올리고 있다.)

이 시점에서 상담사는 자신의 PTSD가 촉발되었고, 우반구에 고착되었다. 뇌량의 크기가 작고 우반구와 좌반구 사이에 분명한 소통을 허용하지 않기 때문에 상담사는 좀 더 합리적인 사고에 기초한 마음 상태에 머물기는 어려워지며, 결과적으로 진정한 의미의 상담이 이루어질 가능성은 크게 감소한다.

팀의 사례

상담사: 안녕하세요, 팀?

팀: 안녕하세요.

상담사: 오늘은 무슨 이야기부터 시작할까요?

팀: 저는 제 룸메이트가 우리가 함께 어울리는 친구들이 하는 모든 일에 저를 끼워 주지 않아서 정말 화가 많이 났다는 것에 대해 얘기할까 해요. 선생님도 아시겠지만, 저나 그 그룹 애들 모두 따돌림 당하는 애들이잖아요. 그런데 저는 그 애들 가운데서도 따돌림 당하고 있는 거지요. 그리고 제가 제 룸메이트에게 뭔가를 말하려고 하면 그가 이미 자존감이 낮아서 제가 그에게 더 많은 피해를 주는 입장이 되는 거예요.

상담사: 그렇군요. 이 주제에 관해서 감정이 많이 올라온 것 같아요. 그리고 그렇게 따돌림을 당해서 매우 좌절하고 또 화가 많이 난 것 같아요.

팀: 맞아요. 바로 그렇지요. 그러니까 사실 그것은 큰 문제가 아닐 수도 있어요. 하지만 저는 그에게 상처를 주지 않고서 제 맘을 알려 줄 수 있는 방법을 찾으려고 하는 것 같아요.

이 시점에서 상담사는 이 주제와 관련해서 내담자의 감정이 많이 올라와 있는 것을 느꼈다. 그러나 동시에 상담사는 내담자가 최근에 자신의 문제에 대해 많이 생각하고 있다는 점도 알 수 있었다. 상담사는 내담자의 전두엽과 측두엽이 매우 활성화되어 있다고 생각했다. 상담사는 내담자가 좀 더 두정엽과 소뇌로 옮겨 가게끔 개입하기로 했다.

상담사: 팀, 우리가 여기에서 좀 새로운 것을 시도해 볼까 하는데, 괜찮겠어요?

팀: 좋아요.

상담사: 당신이 구성원으로 속해 있는 중요한 그룹에 대해서 생각해 보세요. 당신이 따돌림을 당하고 있다고 말한 그 그룹이요. 그리고 다른 몇 개의 그룹에 대해서도 생각해 보세요. 그 후에 시작하도록 하지요.

상담사는 과제를 내담자의 전두엽으로 재배치했다. 그리고 상담사는 그 문제에 대해서 하던 생각을 중지하고 그가 구성원으로 참여하고 있는 다른 몇 개의 그룹에게 가치를 부여하게끔 시도했다.

상담사: (잠시 후 팀이 몇 개의 그룹을 결정했을 때) 좋아요. 이제 종이 위에 당신이 좋아하는 색깔로 마음대로 새로운 것을 해 보지요.

팀: (웃으면서) 좋아요.

상담사: 상상력을 발휘해서 당신이 구성원으로 속해 있는 그룹을 당신이 원하는 방식으로 상징적으로 표현해 보세요.

팀: 좋아요. (세 개의 그룹을 표현하는 세 개의 상징을 그린다.)

상담사: 좋아요. 그러면 몇 개의 단어나 어구를 선택해서 당신의 룸메이트와 겪는 문제에 대해서 그 그룹에서 제공한 최고의 조언을 만들어 보세요.

팀: 오~ 좋아요. 알았어요.

상담사는 문제에 관여된 내담자의 심리적 에너지에 균형을 잡기 위해 운동을 활용하는 과제를 제시했다. 상상력과 내담자에게 힘을 북돋우는 다른 사람들의 목소리를 통해서 내담자는 (전두엽을 활용해서) 이전에는 문제를 해결할 때 접근할 수 없었던 방법으로 과제에 접근했다.

결론

신경과학적 상담의 과정이 가지고 있는 특성 중 하나는 상담이 전개되는 과정에서 내담자의 뇌에서 발생하는 현상을 이해하게 된다는 점이다. 이 장과 이 책 전체에 제시된 연습과 기초적 또는 높은 수준의 신경생물학적 지식들은 내담자가 자 신의 개인적 · 심리적 문제를 대처(또는 극복)하게끔 돕는 또 다른 차원의 효과적이고 효율적인 방법을 전문상담사에게 제공한다. 물론 앞으로 더 많은 뇌 관련 연구와 임상적 이해가 이루어져서 우리가 하는 고귀하고 중요한 작업에 더 많은 도움과 시사점을 얻을 수 있는 날이 머지않아 올 것이라고 생각한다.

참고문헌

Alenina, N., Bashammakh, S., & Bader, M. (2006). Specifications and differentiation of serotonergic neurons. *Stem Cell Reviews, 2*, 5-10.

Alexander, A. L., Lee, J. E., Lazar, M., Boudos, R., et al. (2007). Diffusion tensor imaging of the corpus callosum in autism. *Neuroimage, 34*, 61-73.

Allen, G. (2005). The cerebellum in autism. *Clinical Neuropsychology, 2*, 321-337.

American Counseling Association. (2005). ACA code of ethics. Retrieved from http://www.counseling.org/Resources/CodeOfEthics/TP/Home/CT2.aspx

American Psychiatric Association. (2000). *Diagnostic and statistical manual of mental disorders* (4th ed., text rev.). Washington, DC: Author.

Andover, M. S., Pepper, C. M., Ryabchenko, K. A., Orrico, E. G., & Gibb, B. E. (2005). Self-mutilation and symptoms of depression, anxiety, and borderline personality disorder. *Suicide and Life-Threatening Behavior, 35*(5), 581-591.

Arakawa, R., Ito, H., Takano, A., Okumura, M., Takahashi, H., Takano, H., Okuba, Y., & Suhura, T. (2010). Dopamine D2 receptor occupancy by perospirone: A positron emission tomography study in patients with schizophrenia and healthy subjects. *Psychopharmacology, 209*, 285-290.

Armstrong, E., Zilles, K., & Schleicher, A. (1993). Cortical folding and the evolution of the human brain. *Journal of Human Evolution, 25*, 387-392.

Bank, P. (2012). Brief overview of common psychotropic medications: A practical guide from a clinical viewpoint. Retrieved from http://ssw.umich.edu/public/currentprojects/icwtp/mentalhealth/Brief_Overview_of_Common_Psychotropic_Medications.pdf

Barlow, D. H. (2002). *Anxiety and its disorders: The nature and treatment of anxiety and panic* (2nd ed.). New York: Guilford Press.

Beeman, M. J., & Bowden, E. M. (2000). The right hemisphere maintains solution-related activation for yet-to-be solved insight problems. *Memory & Cognition, 28*, 1231-1241.

Begley, S. (2007). *Train your mind, change your brain: How a new science reveals our extraordinary potential to transform ourselves*. New York: Random House.

Black, J. E., Isaacs, K. R., Anderson, B. J., Alcantara, A. A., & Greenough, W. T. (1990). Learning causes synaptogenesis, whereas motor activity causes angiogenesis, in cerebellar cortex of adult rats (paramedian lobule/neural plasticity/exercise). *Neurobiology, 87*, 5568-5572.

Blumenfeld, H. (2002). *Neuroanatomy through clinical cases*. Sunderland, MA: Sinauer Associates.

Bremner, J. D. (2002). *Does stress damage the brain?* New York: Norton.

Bremner, J. D. (2006). Traumatic stress: Effects on the brain. *Dialogues in Clinical Neuroscience, 8*(4).

Brezun, J. M., & Daszuta, A. (2000). Serotonin may stimulate granule cell proliferation in the adult hippocampus, as observed in rats grafted with foetal raphe neurons. *European Journal of Neuroscience, 21*, 391-396.

Brooks, F., & McHenry, B. (2009). *A contemporary approach to substance abuse and addiction counseling*. Alexandria, VA: American Counseling Association.

Bunge, S. A., Hazeltine, E., Scanlon, M. D., Rosen, A. D., & Gabrieli, J. D. E. (2002).

Dissociable contributions of prefrontal and parietal cortices to response selection. *Neuroimage, 17,* 1562-1571.

Cade, B., & O'Hanlon, W. H. (1999). *A brief guide to brief therapy.* New York: Norton.

Casanova, M. F., El-Baz, A., Mott, M., Mannheim, G., Hasan, H., Fahmi, R., et al. (2009). Reduced gyral window and corpus callosum size in autism: Possible macroscopic correlates of a minicolumnopathy. *Journal of Autism and Developmental Disorders, 39,* 751-764.

Centonze, D., Rossi, S., Prosperetti, C., Tscherter, A., Bernardi, G., Maccarrone, M., & Calabresi, P. (2005). Abnormal sensitivity to cannabinoid receptor stimulation might contribute to altered gamma-aminobutyric acid transmission in the striatum of R6/2 Huntington's disease mice. B*iological Psychiatry, 57,* 1583-1589.

Champagne, F. A., Chretien, P., Stevenson, C. W., Zhang, T. Y., Gratton, A., & Meaney, M. J. (2004). Variations in nucleus accumbens dopamine associated with individual differences in maternal behavior in the rat. *The Journal of Neuroscience, 24,* 4113-4123.

Chance, P. (2009). *Learning and Behavior.* Belmont, CA: Wadsworth.

Clark, R. E., Manns, J. R., & Squire, L. R. (2002). Classical conditioning, awareness, and brain systems. *Trends in Cognitive Sciences, 6,* 524-531.

Cohen, R., Swerdlik, M., & Sturman, E. (2013). *Psychological testing and assessment* (8th ed.). New York: McGraw Hill.

Cook-Cottone, C. (2004). Childhood posttraumatic stress disorder: Diagnosis, treatment and school reintegration. *School Psychology Review, 33*(1), 127-139.

Coppen, A. (1967). The biochemistry of affective disorders. *The British Journal of Psychiatry, 113,* 1237-1264.

Corey, G. (2009). *Theory and practice of counseling and psychotherapy.* Belmont, CA: Brooks Cole.

Creeden, K. (2009). How trauma and attachment can impact neurodevelopment: Informing our understanding and treatment of sexual behavior problems. *Journal of Sexual Aggression, 15*(3), 261-273.

De Bellis, M., Keshavan, M., Clark, D., Casey, B., Giedd, J., Boring, A., Frustaci, K., & Ryan, N. (1999). Developmental traumatology part II: Brain development. *Society of Biological Psychiatry, 45*, 1271-1284.

De Bellis, M. D., Keshevan, M. S., Shiffl ett, H., Iyengar, S., Beers, S. R., Hall, J., & Moritz, G. (2002). Brain structures in pediatric maltreatment-related posttraumatic stress disorder: A sociodemograpically matched study. *Biological Psychiatry, 52,* 1066.

de Bruin, J., Swinkels, W., & de Brabander, J. (1997). Response learning of rats in a Morris water maze: Involvement of the medial prefrontal cortex. *Behavioural Brain Research, 85*, 47-51.

De Carolis, L., Stasi, M. A., Serlupi-Crescenzi, O., Borsini, F., & Nencini, P. (2010). The effects of clozapine on quinpirole-induced non-regulatory drinking and prepulse inhibition disruption in rats. *Psychopharmacology, 212*, 105-115.

De Lange, F. P., Koers, A., Kalkman, J. S., Bleijenberg, G., Hagoort, P., et al. (2008). Increase in prefrontal cortical volume following cognitive behavioral therapy in patients with chronic fatigue syndrome. *Brain, 131*, 2172-2180.

De Robertis, E. D. P., & Bennett, H. S. (1955). *Journal of Biophys Biochem Cytol, 1,* 47-58.

Depraz, N., Varela, F., & Vermersch, P. (2003). *On becoming aware*. Philadelphia: John Benjamins.

Dodd, M. L., Klos, K. J., Bower, J. H., Geda, Y. E., Josephs, K. A., et al. (2005). Pathological gambling caused by drugs used to treat Parkinson disease. *Arch Neurol, 62*, 1377-1381.

Drummond, R. J., & Jones, K. D. (2010). *Assessment procedures for counselors and helping professionals* (7th ed.). Upper Saddle River, NJ: Pearson/Merrill Prentice Hall.

Ellis, A. (2001). *Overcoming destructive beliefs, feelings and behaviors: New directions for rational emotive behavioral therapy*. New York: Prometheus Books.

Emick, J., & Welsh, M. C. (2005). Association between formal operational thought and executive functions. *Learning and Individual Differences, 15*, 177-188.

Erikson, E. (1980). *Identity and the life cycle.* New York: Norton.

Ernst, M. (1997). Studies of brain structure and brain activity in children with attention deficit disorders. In G. R. Lyon & J. Rumsey (Eds.), *Neuroimaging: A window to the neurological foundations of learning and behavior.* Baltimore: Paul H. Brookes.

Ernst, M., Bolla, K., Mouratidis, M., Contoreggi, C., Matochik, J. A., Kurian, V., Cadet, J. L., Kimes, A. S., & London, E. D. (2002). Decision-making in a risk-taking task: A PET study. *Neuropsychopharmacology, 26*, 682-691.

Ernst, M., Cohen, R. M., Liebenauer, L. L., Johns, P. H., & Zametkin, A. J. (1997). Cerebral glucose metabolism in adolescent girls with attention deficit/hyperactivity disorder. *Journal of the American Academy of Child and Adolescent Psychiatry, 36*, 1399-1406.

Ernst, M., Liebenauer, L. L., King, A. C., Fitzgerald, G. A., Cohen, R. M., & Zametkin, A. J. (1994). Reduced brain metabolism in hyperactive girls. *Journal of the American Academy of Child & Adolescent Psychiatry, 33,* 858-868.

Fairless, R., Masius, H., Rohlmann, A., Heupel, K., Ahmad, M., Reissner, C., Dresbach, T., & Missler, M. (2008). Polarized targeting of neurexins to synapses is regulated by their C-terminal sequences. *Journal of Neuroscience, 28*(48).

Fatemi, S., Aldinger, K., Ashwood, P., Bauman, M., Blaha, C., et al. (2012). Consensus paper: Pathological role of the cerebellum in autism. *The Cerebellum,* 1-31.

Favazza, A. R., DeRosear, L., & Conterio, K. (1989). Self-mutilation and eating disorders. *Suicide and Life-Threatening Behaviors, 19*, 352-361.

Ferguson, J. M. (2001). SSRI antidepressant medications: adverse effects and tolerability. *Primary Care Companion to the Journal of Clinical Psychiatry, 3*, 22.

Ferguson, J. N., Aldag, J. M., Insel, T. R., & Young, L. J. (2001). Oxytocin in the medial amygdala is essential for social recognition in the mouse. *The Journal of Neuroscience, 21*(20).

Francis, D. D., Champagne, F. C., & Meaney, M. J. (2000). Variations in maternal behaviour are associated with differences in oxytocin receptor levels in the rat. *Journal of Neuroendocrinol, 12*, 1145-1148.

Frazier, T., Barnea-Goraly, N., & Hardan, A. (2010). Evidence for anatomical alterations in the corpus callosum in autism spectrum disorders. *European Psychiatric Review, 3* (2), 29-33.

Frazier, T., Keshavan, M., Minshew, N., & Hardan, A. (2012). A two-year longitudinal MRI study of the corpus callosum in autism. *Journal of Autism and Developmental Disorders, 42*(11), 2312-2322.

Garland, E. L., & Howard, M. O. (2009). Neuroplasticity, psychosocial genomics, and the biopsychosocial paradigm in the 21st century. *Health and Social Work, 34*, 191-199.

Gimpl, G., & Fahrenholz, F. (2001). The oxytocin receptor system: Structure, function and regulation. *Physiological Reviews, 81*, 629-683.

Gladding, S. (2001). *Counseling: A comprehensive profession* (6th ed.). Upper Saddle River, NJ: Pearson.

Goldapple, K., Segal, Z., Garson, C., Lau, M., Bieling, P., Kennedy, S., et al. (2004). Modulation of cortical-limbic pathways in major depression: Treatment-specific effects of cognitive behavior therapy. *Archives of General Psychology, 61*, 34-41.

Goldschmidt, H., & Roelke, D. (2012). Dreams and the unconscious through the lens of neuro-psychoanalysis: A look at unconscious motivational systems within the brain. *Center for Psychotherapy and Psychoanalysis of New Jersey*.

Gregory, R. (1999). *Foundations of intellectual assessment*. Needham Heights, MA: Allyn & Bacon.

Grey, E. (2010). Use your brain: A neurobiologically driven application of REBT with children. *Journal of Creativity in Mental Health, 5*, 55-64.

Hammond, C. (2008). *Cellular and molecular neurophysiology* (3rd ed.). Burlington, MA: Academic Press.

Harper, H., Rodwell, V., & Mayes, P. (1977). *Review of physiological chemistry* (16th ed.). Los Altos, CA: Lange Medical Publications.

Henderson, D., & Thompson, C. (2011). *Counseling children* (8th ed.). Belmont, CA: Cengage.

Herculano-Houzel, S. (2009). The human brain in numbers: A lineal scaled-up primate brain. *Human Neuroscience, 3*(31).

Herman, B. H., Hammock, K. M., Arthur-Smith, A., Egan, J., Chatoor, I., Werner, A., & Zelnick, N. (2004). Naltrexone decreases self-injurious behavior. *Annals of Neurology, 22*, 520-522.

Hood, A., & Johnson, R. W. (2007). *Assessment in counseling: A guide to the use of psychological assessment procedures* (4th ed.). Alexandria, VA: American Counseling Association.

Iaccino, J. (1993). *Left brain-right brain differences: Inquiries, evidence, and new approaches*. Hillsdale, NJ: Lawrence Earlbaum Associates, Inc.

Ivey, A., & Ivey, M. B. (2003). *Intentional interviewing and counseling* (5th ed.). Belmont, CA: Brooks Cole.

Jackowski, A., de Araújo, C., de Lacerda, A., de Jesus Mari, J., & Kaufman, J. (2009). Neurostructural imaging findings in children with post-traumatic stress disorder:

Brief review. *Psychiatry & Clinical Neurosciences* , *63*(1), 1-8. doi:10.1111/j.1440-1819.2008.01906.x.

Jung-Beeman, M., Bowden, E. M., Haberman, J., Frymiare, J. L., Arambel-Liu, S., Greenblatt, R., Reber, P. J., & Kounios, J. (2004). Neural activity when people solve verbal problems with insight. *PLoS Biol 2*(4): e97.doi:10.1371/journal.pbio.0020097

Just, M. A., Cherkassky, V. L., Keller, T. A., & Minshew, N. J. (2004). Cortical activation and synchronization during sentence comprehension in high-functioning autism: Evidence of underconnectivity. *Department of Psychology, paper 323.* Retrieved from http://repository.cmu.edu/psychology/323

Kaas, R., Goovaerts, M. J., Dhaene, J., & Denuit, M. (2008). *Modern actuarial risk theory: Using R*. New York: Springer.

Kandel, E. (2000). *Principles of neural science.* New York: McGraw Hill.

Kandel, E. R. (1998). A new intellectual framework for psychiatry. *American Journal of Psychiatry,155*, 457-469.

Kanner, L. (1943). Autistic disturbances of affective contact. *Nervous Child, 2*, 217-250.

Kars, H., Broekema, W., Glaudemans-van Geldern, I., Verhoeven, W. M. A., & van Ree, J. M. (1990). Naltrexone attenuates self-injurious behavior in mentally retarded subjects. *Biological Psychiatry, 27,* 741-746 .

Katz, D., & Steinmetz, J. (2002). Psychological functions of the cerebellum. *Behavioral Cognitive Neuroscience Reviews, 1*(3), 229-241.

Kay, J. (2009). Toward a neurobiology of child psychotherapy. *Journal of Loss and Trauma, 14*, 287-303.

Kempermann, G. (2011). Seven principles in the regulation of adult neurogenesis. *European Journal of Neuroscience*, *33*, 1018-1024.

Kempermann, G., Gast, D., Kronenberg, G., Yamaguchi, M., & Gage, F. H. (2003). Early determination and long-term persistence in adult-generated new neurons in the hippocampus of mice. *Development, 130,* 391-399.

Kennedy, S., Konarski, J. Z., Segal, Z. V., Lau, M. A., Bieling, P. J., McIntyre, R. S., et al. (2007). Differences in brain glucose metabolism between responders to CBT and venlafaxine in a 16-week controlled trial. *American Journal of Psychiatry, 165,* 778-788 .

Kerr, A. L., Steuer, E. L., Pochtarev, V., & Swain, R. A. (2010). Angiogenesis but not neurogenesis is critical for normal learning and memory acquisition. *Neuroscience, 24,* 214-226.

Kerr, A. L., & Swain, R. A. (2011). Rapid cellular genesis and apoptosis: Effects of exercise in the adult rat. *Behavioral Neuroscience, 125,* 1-9.

King-Casas, B., Tomlin, D., Anen, C., Camerer, C. F., Quartz, S. R., & Montague, R. (2005). Getting to know you: Reputation and trust in a twoperson economic exchange. *Science, 308,* 78-83.

Kjernisted, K. (2006). Causes and cures: The neurobiology of symptoms and treatment in anxiety disorders. *Canadian Journal of Psychiatry, 51,* 5.

Knapp, M. L., & Vangelisti, A. L. (2000). *Interpersonal communication and human relationships* (4th ed.). Boston: Allyn & Bacon.

Kolb, B., & Whishaw, I. (2010). *Fundamentals of human neuropsychology.* New York: Worth Publishers.

Kounios, J., & Beeman, M. (2010). The aha! moment: The cognitive neuroscience of insight. *Current Directions in Psychological Science, 18,* 210-216.

Krueger, F., McCabe, K., Moll, J., Kriegeskorte, N., Zahn, R., Strenziok, M., Heinecke, A., & Grafman, J. (2007). Neural correlates of trust. *PNAS, 104*(50).

Kuhn, R. (1958). The treatment of depressive states with G 22355 (imipramine hydrochloride). *American Journal of Psychiatry, 115,* 459-464.

Lambert, M. J., & Ogles, B. M. (2004). The efficacy and effectiveness of psychotherapy.

In M. J. Lambert (Ed.), *Bergin and Garfield's handbook of psychotherapy and behavior change* (5th ed., pp. 139-193). New York: Wiley.

Landreth, G. (2012). *Play therapy* (3rd ed.). New York: Routledge.

Liberman, M. (2009). *Putting feelings into words.* Lecture at the Association for the Advancement of Science. Chicago, IL (2009, February).

Linden, D. (2006). How psychotherapy changes the brain—The contribution of functional imaging. *Molecular Psychiatry, 11,* 538-538.

Liu, D., Diorio, J., Tannenbaum, B., Caldji, C., Francis, D., Freedman, A., et al. (1997). Maternal care, hippocampal glucocorticoid receptors, and hypothalamic-pituitary-adrenal responses to stress. *Science, 277*(5332), 1659-1662.

Lopez-Munoz, F., Boya, J., & Alamo, C. (2006). Neuron theory, the cornerstone of neuroscience, on the centenary of the Nobel Prize award to Santiago Ramon y Cajal. *Brain Research Bulletin, 70*, 391-405.

Lou, H. C., Henriksen, L., & Bruhn, P. (1990). Focal cerebral dysfunction in developmental learning disabilities. *The Lancet, 335*, 8-11.

Lou, H. C., Henriksen, L., Bruhn, P., et al. (1984). Focal cerebral hypoperfusion in children with dysphasia and/or attention deficit disorder. *Archives of Neurology, 41*, 825-829.

Lou, H.C., Henriksen, L., Bruhn, P., et al. (1989). Striatal dysfunction in attention deficit hyperkinetic disorder. *Archives of Neurology, 46*, 48-52.

Luders, E., Thompson, P. M., & Toga, A. W. (2010). The development of the corpus callosum. *Journal of Neuroscience, 30,* 10985-10990.

Lutz, A., Greischar, L. L., Rawlings, N. B., Ricard, M., & Davidson, R. J. (2004). Long-term meditators self-induce high-amplitude gamma synchrony during mental practice. *Proceedings in the National Academy of Science*, *01*(46), 16369-16373.

Maguire, E. A., Gadian, D. G., Johnsrude, I. S., Good, C. D., Ashburner, J., Frackowiak, R.

S. J., & Frith, C. D. (2000). Navigation-related structural change in the hippocampl of taxi drivers. *PNAS, 97*, 4398-4403.

Martin, S. D., Martin, E., Rai, S. S., Richardson, M. A., Royall, R., & Eng, C. (2001). Brain blood flow changes in depressed patients treated with interpersonal psychotherapy or venlafaxine hydrochloride: Preliminary findings. *Archives of General Psychiatry, 58*, 641.

McAlonan, G. M., Cheung, V., Cheung, C., Suckling, J., Lam, G. Y., Tai, K. S., Yip, L., et al. (2005). Mapping the brain in autism. A voxel-based MRI study of volumetric differences and intercorrelations in autism. *Brain, 28*(2), 268-276.

McEwen, B. (2000). The neurobiology of stress: From serendipity to clinical relevance. *Brain Resolution, 886*, 172-189.

McGaugh, J. L. (2000). Memory—A century of consolidation. *Science, 287*, 248-251.

McHenry, B., & McHenry, J. (2006). *What therapists say and why they say it.* Boston: Pearson.

Meerabux, J., Iwayama, Y., Sakurai, T., Ohba, H., Toyota, T., et al. (2005). Association of an orexin 1 receptor 408Val variant with polydipsiahyponatremia in schizophrenic subjects. *Biological Psychiatry, 58*, 401-407.

Moore, R. Y., & Halaris, A. E. (1975). Hippocampal innervation by serotonin neurons of the midbrain raphe in the rat. *The Journal of Comparative Neurology, 164*, 171-183.

Morgan, M. A., Romanski, L. M., & LeDoux, J. E. (1993). Extinction of emotional learning: Contribution of medial prefrontal cortex. *Neuroscience Letters, 163,* 109-113.

Murdock, N. (2012). *Theories of counseling and psychotherapy: A case approach* (3rd ed.). Boston: Pearson.

Nelson, J. C., Mazure, C. M., Jatlow, P. I., Bowers Jr, M. B., & Price, L. H. (1997).

Combining norepinephrine and serotonin reuptake inhibition mechanisms for treatment of depression: A double-blind, randomized study. *Biological Psychiatry, 55*, 296-300.

Newman, J. D. (2007). Neural circuits underlying crying and cry responding in mammals. *Behavioral Brain Research, 182*, 155-165.

Nishijima, T., Okamoto, M., Matsui, T., Kita, I., & Soya, H. (2012). Hippocampal functional hyperemia mediated by NMDA receptor/NO signaling in rats during mild exercise. *Applied Physiology, 112*(1), 197-203.

Nishijima, T., & Soya, H. (2006). Evidence of functional hyperemia in the rat hippocampus during mild treadmill running. *Neuroscience Research*, *54*, 186-191.

Numan, M., & Sheehan, T. P. (1997). Neuroanatomical circuitry for mammalian maternal behavior. *Annals of the New York Academy of Sciences, 807* .

O'Halloran, C. J., Kinsella, G. J., & Storey, E. (2011). The cerebellum and neuropsychological functioning: A critical review. *Journal of Clinical and Experiential Neuropsychology, 34*(1), 35-56.

Palade, G. E., & Palay, S. L. (1954). Electron microscope observations of interneuronal and neuromuscular synapses. *Anatomical Record , 118*, 335.

Parihar, V. K., Hattiangady, B., Kuruba, R., Shual, B., & Shetty, A. K. (2011). Predictable chronic mild stress improves mood, hippocampal neurogenesis and memory. *Molecular Psychiatry*, *16*, 171-183.

Pascual-Leone, A., Amedi, A., Fegni, F., & Merabet, L. B. (2005). The plastic human brain cortex. *Annual Reviews of Neuroscience, 28*, 377-401.

Perry, B. (2001). The neurodevelopmental impact of violence in childhood. In D. Schetky & E. Benedek (Eds.), *Textbook of child and adolescent forensic psychiatry* (pp. 231-238). Washington, DC: American Psychiatric Press.

Perry, B. D. (2009). Examining child maltreatment through a neurodevelopmental lens:

Clinical applications of the neurosequential model of therapeutics. *Journal of Loss and Trauma, 14,* 240-255.

Piven, J., Bailey, J., Ranson, B., & Arndt, S. (1997). An MRI study of the corpus callosum in autism. *American Journal of Psychiatry, 154,* 1051-1056.

Pons, T., Garraghty, P. E., Ommaya, A. K., Kaas, J. H., Taub, E., & Mishkin, M. (1991). Massive cortical reorganization after sensory deafferentation in adult macaques. *Science, 252,* 1857-1860.

Ramon y Cajal, S. (1917). *Recuerdos de mi vida.* Spain: Madrid Imprenta y Librería de N. Spain.

Rao, H., Korczykowski, M., Pluta, J., Houng, A., & Detre, J. A. (2008). Neural correlates of voluntary and involuntary risk taking in the human brain: An fMRI study of the balloon analog risk task (BART). *Neuroimage, 42,* 902-910.

Reuter, J., Raedler, T., Rose, M., Hand, I., Glascher, J., et al. (2005). Pathological gambling is linked to reduced activation of the mesolimbic reward system. *Nature Neuroscience, 8,* 147-148.

Rogers, C. (1951). *Client-centered therapy.* London: Constable.

Rossi, E. L. (2005). The ideodynamic action hypothesis of therapeutic suggestion: Creative replay in the psychosocial genomics of therapeutic hypnosis. *European Journal of Clinical Hypnosis, 6*(2), 2-12.

Rossoni, E., Feng, J., Tirozzi, B., Brown, D., Leng, G., & Moos, F. (2008). Emergent synchronous bursting of oxytocin neuronal network. *PLoS: Computational Biology, 4,* e1000123. doi:10.1371/journal.pcbi.1000123.

Rubin, J., & Terman, D. (2012). Explicit maps to predict activation order in multiphase rhythms of a coupled cell network. *The Journal of Mathematical Neuroscience, 2*(4).

Sahay, A., & Hen, R. (2007). Adult hippocampal neurogenesis in depression. *Nature*

Neuroscience, 10, 1110-1115.

Scheele, D., Striepens, N., Gunturkun, O., Deutschlander, S., Maier, W., Kendrick, K. M., & Hurlman, R. (2012). Oxytocin modulates social distance between males and females. *Journal of Neuroscience, 32,* 16074-16079.

Schneiderman, I., Zagoory-Sharon, O., Leckman, J. F., & Feldman, R. (2012). Oxytocin during the initial stages of romantic attachment: Relations to couples' interactive reciprocity. *Psychoneuroendocrinology, 37*, 1277-1285.

Schwartz, J. M., & Begley, S. (2002). The mind and the brain: Neuroplasticity and the power of the mental force. New York: Harper Collins.

Seigel, D. (2007). The mindful brain. New York: W.W. Norton.

Shedler, J. (2010). The efficacy of psychodynamic psychotherapy. *American Psychologist, 65*(2).

Shin, L. M., Orr, S. P., Carson, M. A., Rausch, S. L., Macklin, M. L., Lasko, N. B., & Pitman, R. K. (2004). Regional cerebral blood flow in the amygdala and medial prefrontal cortex during traumatic imagery in male and female Vietnam patients with PTSD. *Archives of General Psychiatry, 61*, 168.

Shin, L. M., Rauch, S. R., & Pitman, R. K. (2006). Amygdala, medial prefrontal cortex, and hippocampal function in PTSD. *Annals of the New York Academy of Sciences, 1071* , 67-79.

Sikorski, A. M., Price, K., Morton, G., Duran, J., Cool, J., Whetmore, B., & Jennings, M. (2012). *A single acute bout of aerobic activity improves memory retention in sedentary, but not physically active, adults.* Manuscript submitted for publication.

Sikorski, A. M., & Swain, R. A. (2006, October). *Angiogenesis inhibition impairs spatial learning in adult rats.* Presented at the 36th Society of Neuroscience Annual Meeting, Atlanta.

Stanley, B., Sher, L., Wilson, S., Ekman, R., Huang, Y., & Mann, J. (2010). Nonsuicidal self-injurious behavior, endogenous opioids and monoamine neurotransmitters. *Journal of Affective Disorders, 124*, 134-140.

Stern, E., & Taylor, S. F. (2009). Topographic analysis of individual activation patterns in medial frontal cortex in schizophrenia. *Human Brain Mapping, 30*(7), 2146-2156.

Stern, J. M. & Taylor, J. A. (1991). Haloperidol inhibits maternal retrieval and licking, but enhances nursing behavior and litter weight gains in lactating rats. *Journal of Endocrinology, 3*, 591-596.

Straube, T., Mentzel, H. J., & Miltner, W. H. (2006). Neural mechanisms of automatic and direct processing of phobogenic stimuli in specific phobia. *Biological Psychiatry, 59*, 162-170.

Stuss, D. T. (1992). Biological and psychological development of executive functions. *Brain and Cognition, 20*, 8-23.

Suyemoto, K. (1998). The functions of self-mutilation. *Clinical Psychology Review, 18*(5), 531-554.

Symons, F. J., Thompson, A., & Rodriguez, M. R. (2004). Self-injurious behavior and the efficacy of naltrexone treatment: A quantitative review. *Mental Retardation and Developmental Disabilities Research Reviews, 10*, 193-200.

Szymanski, L., Kedesdy, J., Sulkes, S., Cutier, A., & Stevens-Our, P. (1987). Naltrexone in treatment of self-injurious behavior: A clinical study. *Research on Developmental Disabilities, 8*, 179-190.

Tait, D. S., Brown, V. J., Farovik, A., Theobald, D. E., Dalley, J. W., & Robbins T. W. (2007). Lesions of the dorsal noradrenergic bundle impair attentional set-shifting in the rat. *European Journal of Neuroscience, 25*, 3719-3724. doi: 10.1111/j.1460-9568.2007.05612.x.

Teicher, M. H., Dumont, N. L., Ito, Y., et al. (2004). Childhood neglect is associated with reduced corpus callosum area. *Biological Psychiatry, 56*, 80-85.

van der Kolk, B. (2003). The neurobiology of childhood trauma and abuse. *Child and Adolescent Psychiatry Clinics of North America, 12*, 293-317.

van Praag, H., Christie, B. R., Sejnowski, T. J., & Gage, F. H. (1999a). Running enhances neurogenesis, learning, and long-term potentiation in mice. *Proceedings of the National Academy of Science, 96*, 13427-13431.

van Praag, H., Kempermann, G., & Gage, F. H. (1999b). Running increases cell proliferation and neurogenesis in the adult mouse dentate gyrus. *Nature Neuroscience 2*, 266-270.

Villarreal, G., Hamilton, D., Graham, D., Driscoll, I., Qualls, C., Petropoulos, H., & Brooks, W. (2004). Reduced area of the corpus callosum in posttraumatic stress disorder. *Psychiatric Research: Neuroimaging, 131*(3), 227-235.

Wager, T. D., Rilling, J. K., Smith, E. E., Sokolik, A., Casey, K. L., Davidson, R. J., et al. (2004). Placebo-induced changes in fMRI in the anticipation and experience of pain. *Science, 303*(5661), 1162-1167.

White, M., & Epston, D. (1990). *Narrative means to therapeutic ends*. New York: W. W. Norton.

Wiesel, T. N., & Hubel, D. H. (1963). Effects of visual deprivation on morphology and physiology of cells in the cats lateral geniculate nucleus body. *Journal of Neurophysiology, 26*, 987-993.

Willemsen-Swinkels, S., Buitelaar, J. K., Nijhof, G. J., & van Engeland, H. (1995). Failure of naltrexone hydrochloride to reduce self-injurious and autistic behaviour in mentally retarded adults: Double-blinded placebo-controlled studies. *Archives of General Psychiatry, 52*(9), 766-773.

Williams, L. M., Grieve, S. M., Whitford, T. J., Clark, C. R., Gur, R. C., Goldberg, E., et al. (2005). Neural synchrony and gray matter variation in human males and females: Integration of 40 Hz gamma synchrony and MRI measures. *Journal of Integrative*

Neuroscience, 4, 77-93.

Worden, J. W. (2002). *Grief counseling and grief therapy* (3rd ed.). New York: Springer Publishing Company.

Zametkin, A., Ernst, M., & Cohen, R. (1999). 9 single gene studies of ADHD. *Attention, Genes and ADHD*, 157.

Zametkin, A. J., Leibenauer, L. L., Fitzgerald, G. A., King, A. C., Minkunas, D. V., Herscovitch, P., & Cohen, R. M. (1993). *Archives of General Psychiatry, 50,* 333.

Zuckerman, E. (2005). *Clinicians thesaurus* (6th ed.) . New York: Guilford Press.

찾아보기

인명

내용

ㅇ

ㅈ

저자 소개

Bill McHenry 박사는 텍사스 A&M 대학교(텍사캐나 캠퍼스)의 상담 및 심리학과 부교수로 재직하고 있다. 그는 지난 10여 년간 전문상담사 교육에 전념했으며, 학교, 대학, 기관, 정신건강센터, 재활 프로그램 등을 포함한 다양한 장면에서 전문상담사로 근무했다. 그는 이 책 외에도 세 권의 책과 수많은 학술논문의 공저자로 참여했다. 그는 가족과 함께하는 시간, 낚시, 탁구에서 아내에게 지는 시간을 즐긴다.

Angela M. Sikorski 박사는 텍사스 A&M 대학교(텍사캐나 캠퍼스) 심리학과 부교수로 재직하고 있으며, 경험에 의한 뇌 가소성과 학습 및 기억의 신경생물학 연구에 매진하고 있다. 위스콘신 대학교(밀워키 캠퍼스)에서 실험심리학 학위를 받은 후, 텍사스 대학교 생물학과에서 박사 후 과정을 완수했다. 그는 테니스, 뜨개질 그리고 그의 가족과 함께 샤와노 호수를 다니면서 여가를 보낸다. 그는 텍사스주에 살지만, 위스콘신주 그린베이 패커스 미식축구팀의 열렬한 팬이며 앞으로도 그럴 것이다.

Jim McHenry 박사는 32년간 펜실베이니아주 에든버러 대학교의 교수로 재직하다가 현재는 완전히 은퇴하지는 않은 채 명예교수로 일하고 있다. 그는 학교에서 강의뿐 아니라 재활상담 프로그램의 운영자, 대학 내 장애학생을 위한 프로그램 책임자 그리고 장애학생들의 상담사로 봉사했다. 그는 이 책 외에 두 권의 책과 수많은 학술논문의 공저자로 참여했다. 그는 평균 12오버파(9홀 코스에서) 정도의 실력으로 골프를 친다.

이 책을 제작하는 일에 특출하고 유능하며 자격이 있는 몇몇 분이 참여했다.

Tommie Hughes 박사는 텍사스 A&M 대학교(텍사캐나 캠퍼스) 심리학과 부교수로, 이 책의 제7장 '뇌 기능의 평가'를 위해 필요한 정보와 자료를 제공함으로써 이 장을 더욱 명료하게 설명할 수 있게끔 도와주었다.

이 책에 제시된 작품의 중요한 부분인 다음의 이미지들은 두 명의 예술가가 그린 것이다.

Alexandra Faith Walker는 10개의 이미지를 그렸는데([그림 1, 2-1, 2-2, 2-3, 2-4, 2-5, 4-1, 5-5, 6-1, 7-2]), 그것들은 글만으로는 전달하기 어려운 것을 시각적으로 보여 주었다.

Angela M. Sikorski 박사는 [그림 3-1, 3-4, 3-5]를 그렸다.

역자 소개

김창대(Changdai Kim)

서울대학교 교육학과 졸업(학사, 석사)
미국 Teachers College, Columbia University 상담심리학과 졸업(석사, 박사)
전 한국상담학회 회장
서울대학교 대학생활문화원 원장
미국 Teachers College, Columbia University 연구교수
현 서울대학교 사범대학 교육학과 교수
한국상담진흥협회 이사장

〈주요 저 · 역서〉
애착(역, 연암서가, 2019)
International Handbook of Cross-Cultural Counseling(공저, Sage, 2009)
대가에게 배우는 집단상담(공저, 학지사, 2008)
대상관계이론과 실제(공역, 학지사, 2007)
상담 및 심리치료의 기본기법(역, 학지사, 2006)
상호작용중심의 집단상담(공역, 시그마프레스, 2004)
청소년집단상담의 운영(공저, 한국청소년상담원, 2002)

메일 주소: cdkim@snu.ac.kr

남지은(JeeEun Karin Nam)

미국 Wellesley College 심리학과 졸업(학사)
서울대학교 교육학과 졸업(석사, 박사)
전 서울대학교 대학생활문화원 전임상담원
현 이화여자대학교 교육대학원 상담심리전공 주임교수

〈주요 저 · 역서〉
ACT 상담의 난관 극복하기(공역, 학지사, 2017)
상담에서의 단기개입전략(공역, 시그마프레스, 2017)

메일 주소: jkarin@ewha.ac.kr

상담사를 위한 신경과학 입문

A Counselor's Introduction to Neuroscience

2020년 5월 20일 1판 1쇄 발행
2021년 2월 25일 1판 2쇄 발행

지은이 • Bill McHenry · Angela M. Sikorski · Jim McHenry
옮긴이 • 김창대 · 남지은
펴낸이 • 김진환
펴낸곳 • (주) 학지사
04031 서울특별시 마포구 양화로 15길 20 마인드월드빌딩
대표전화 • 02)330-5114 팩스 • 02)324-2345
등록번호 • 제313-2006-000265호

홈페이지 • http://www.hakjisa.co.kr
페이스북 • https://www.facebook.com/hakjisa

ISBN 978-89-997-2104-5 93180

정가 15,000원

이 도서의 국립중앙도서관 출판시도서목록(CIP)은 서지정보유통지원시스템 홈페이지(http://seoji.nl.go.kr)와 국가자료공동목록시스템(http://www.nl.go.kr/kolisnet)에서 이용하실 수 있습니다.
(CIP 제어번호: CIP2020015783)